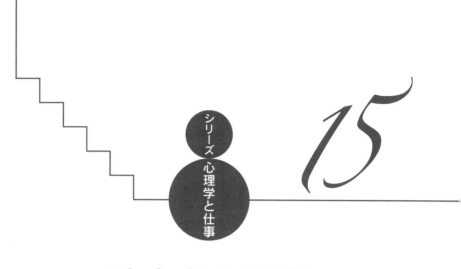

シリーズ 心理学と仕事 15

障害者心理学

太田信夫 監修
柿澤敏文 編集

北大路書房

主に活かせる分野／凡例

 医療・保健
 福祉・介護
 教育・健康・スポーツ
 司法・矯正
 産業・労働・製造
 サービス・販売・事務
 IT・エンジニア
 研究・開発・クリエイティブ
 建築・土木・環境

監修のことば

> いきなりクエスチョンですが,心理学では学会という組織は,いくつくらいあると思いますか?
> 　　　　　　　10? 20? 30? 50?
> 　　　　　　　　　　　　　　　　　　(答 ii ページ右下)

　答を知って驚いた方は多いのではないでしょうか。そうなんです。心理学にはそんなにもたくさんの領域があるのです。心理学以外の他の学問との境界線上にある学会を加えると100を超えるのではないかと思います。

　心理学にこのように多くの領域があるということは,心理学は多様性と必要性に富む学問である証(あかし)です。これは,心理学と実社会での仕事との接点も多種多様にさまざまであることを意味します。

　折しも心理学界の長年の夢であった国家資格が「公認心理師」として定められ,2017年より施行されます。この資格を取得すれば,誰もが「こころのケア」を専門とする仕事に従事することが可能になります。心理学の重要性や社会的貢献がますます世間に認められ,大変喜ばしい限りです。

　しかし心理学を活かした仕事は,心のケア以外にもたくさんあります。私たちは,この際,心理学と仕事との関係について全体的な視点より,整理整頓して検討してみる必要があるでしょう。

　本シリーズ『心理学と仕事』全20巻は,現代の心理学とそれを活かす,あるいは活かす可能性のある仕事との関係について,各領域において検討し考察する内容からなっています。心理学では何が問題とされ,どのように研究され,そこでの知見はどのように仕事に活かされているのか,実際に仕事をされている「現場の声」も交えながら各巻は構成されています。

　心理学に興味をもちこれからそちらへ進もうとする高校生,現在勉強中の大学生,心理学の知識を活かした仕事を希望する社会人などすべての人々にとって,本シリーズはきっと役立つと確信します。また進路指導や就職指導をしておられる高校・専門学校・大学などの先生方,心理学教育に携わっておられる先生方,現に心理学関係の仕事にすでについておられる方々にとっても,学問と仕事に関する本書は,座右の書になることを期待していま

す。また学校ではテキストや参考書として使用していただければ幸いです。

　下図は本シリーズの各巻の「基礎－応用」軸における位置づけを概観したものです。また心理学の仕事を大きく分けて，「ひとづくり」「ものづくり」「社会・生活づくり」とした場合の，主に「活かせる仕事分野」のアイコン（各巻の各章の初めに記載）も表示しました。

　なお，本シリーズの刊行を時宜を得た企画としてお引き受けいただいた北大路書房に衷心より感謝申し上げます。そして編集の労をおとりいただいた奥野浩之様，安井理紗様を中心とする多くの方々に御礼を申し上げます。また企画の段階では，生駒忍氏の支援をいただき，感謝申し上げます。

　最後になりましたが，本書の企画に対して，ご賛同いただいた各巻の編者の先生方，そしてご執筆いただいた300人以上の先生方に衷心より謝意を表する次第です。

監修者
太田信夫

(答50)

はじめに

　みなさんは日本にどのくらいの人数の障害者が住んでいるか，ご存知でしょうか？

　厚生労働省の「平成28年生活のしづらさなどに関する調査（全国在宅障害児・者等実態調査）」によると，2016（平成28）年12月1日現在の状況で，障害者の総数（推計値）は936万6千人で，人口の約7.4％に相当します。そのうち，身体障害者が436万人，知的障害者が108万2千人，精神障害者が392万4千人です。この障害者の人数は年々増加傾向にあります。

　障害者を取り巻く社会の制度は，この20年間で大きく変化しました。その契機になったのが，2006年12月に国連総会本会議において採択された，障害者の権利に関する条約，いわゆる障害者権利条約です。この条約は障害者に関する初めての国際条約で，障害者の人権や基本的自由の享有を確保し，障害者の固有の尊厳の尊重を促進するため，障害者の権利の実現のための措置等を規定しており，その対象は，医療，教育，福祉，公共交通，雇用など障害者の自立と社会参加にかかわるあらゆる分野です。

　日本では，この障害者権利条約の批准のために，関係法制度のさまざまな整備が行われ，その結果，2014年1月に141番目の締約国となりました。条約締結を受けて，障害者が社会のなかで，自らのもつ可能性を十分に発揮し，共に生きていくことのできる体制の整備が，今後ますます進められます。そこでは，障害者にかかわる諸領域（そのなかに障害者心理学も含まれます）が蓄積してきた知識と技能の活用がよりいっそう求められ，それらを身につけた専門家の活躍が必要とされるでしょう。

　それでは，障害者心理学が役に立つ，障害者にかかわる専門家には，どのようなものがあるでしょうか？

　障害を招く疾病等への対応を行う医療・保健職（医師，保健師，看護師，理学療法士，作業療法士，視能訓練士，義肢装具士，言語聴覚士など），社会参加に向けた自立の基礎づくりを担当する教育職（幼稚園，小・中学校，高等学校，大学，特別支援学校などの教員など），障害者の日々の暮らしを支える福祉職（児童相談所の児童心理司や児童福祉司，障害福祉

サービス事業所などの社会福祉士，介護福祉士，精神保健福祉士など），障害者が社会で活躍するための雇用・労働関連職（ハローワークや地域障害者職業センターなどの相談・支援機関の職員，指導員など），住みよい社会環境整備のためのまちづくり関連職（ユニバーサルデザインやバリアフリー住宅・建築，交通機関，都市計画，歩行・移動空間，防災・防犯対応など），情報アクセシビリティを向上する情報関連職（機器・システム・コンテンツ開発，コミュニケーション支援など）のほか，障害者にかかわる研究職（障害者心理学，障害科学，特別支援教育学，障害福祉学，リハビリテーション学，障害者スポーツ科学，福祉工学など）などのたくさんの人々が活躍しています。これらの職業においては，すべて，人にかかわる職務内容を含むことから，心理的要素の理解が不可欠であり，特に障害者心理学の素養を身につけておくことが大切になります。

　さて，本書の構成ですが，まず第1章では障害者心理学の意義や障害の捉え方，障害者心理学が活かされる仕事と倫理的配慮について，その基礎を紹介します。障害と障害者心理学の概要について，みなさんがすでにもっている知識を確認し，新たな知識を学んでください。

　第2章から第12章では，障害種別の定義や特性の説明，さらに関連する仕事の説明を障害者心理学研究の第一人者が行います。加えて，新進気鋭の実践家が実際に行っている仕事の内容紹介を行います。いずれの執筆者も障害者心理学を学び，その知識と技能を，研究者や実践家として仕事に活かしている方々です。障害者心理学の研究と実践の最前線を，あなたもぜひ紙上体験してください。

　障害者心理学を学び，将来，あなたもこの分野の仲間として研究と実践に励み，さらには障害者心理学の未来を担い，切り拓く先導者としておおいに活躍されることを心から期待しています。

　終わりになりましたが，本書をまとめる機会を与えてくださり，いろいろとご指導をくださった筑波大学名誉教授，東京福祉大学学長補佐・教授太田信夫先生に心から感謝の意を表します。

編　者
柿澤敏文

目 次

● 監修のことば　i
　はじめに　iii

第1章　障害者心理学へのいざない　1
　1節　障害者心理学の意義と目的　1
　2節　障害の定義　4
　3節　障害の理解・受け止め　7
　4節　障害者心理学が役立つ仕事　14
　5節　倫理的な配慮　19

第2章　視覚障害の心理とその支援　23
　1節　視覚障害とは　23
　2節　視覚障害の心理特性　24
　3節　視覚障害心理学が役立つ仕事　29

　　● 現場の声 1　学校心理士／盲学校教諭 ………………………… 30
　　● 現場の声 2　当事者団体スタッフ ……………………………… 32

第3章　聴覚障害の心理とその支援　35
　1節　聴覚障害とは　35
　2節　聴覚障害の心理特性　36
　3節　聴覚障害心理学が役立つ仕事　41

　　● 現場の声 3　聾学校教諭 ………………………………………… 42
　　● 現場の声 4　手話通訳者 ………………………………………… 44

第4章　音声・言語障害の心理とその支援　47
　1節　音声・言語障害とは　47
　2節　音声・言語障害の心理特性　51
　3節　音声・言語障害心理学が役立つ仕事　54

　　● 現場の声 5　言語聴覚士 ………………………………………… 55
　　● 現場の声 6　言語障害通級指導教室教諭 ……………………… 57

第5章　知的障害の心理とその支援　59
　1節　知的障害とは　59
　2節　知的障害の心理特性　60

3節　知的障害心理学が役立つ仕事　　64

         ●現場の声 7　特別支援学校（知的障害）教諭 …………… 66
         ●現場の声 8　療育センター心理士 …………………………… 68

第 6 章　自閉スペクトラム症の心理とその支援　　71
         1節　自閉スペクトラム症とは　　71
         2節　自閉スペクトラム症の心理特性　　72
         3節　自閉スペクトラム症の心理学が役立つ仕事　　76

         ●現場の声 9　特別支援学校（自閉症）教諭 ………………… 78
         ●現場の声 10　自閉症・情緒障害特別支援学級教諭(1) … 80

第 7 章　学習障害の心理とその支援　　83
         1節　学習障害とは　　83
         2節　学習障害の心理特性　　85
         3節　学習障害心理学が役立つ仕事　　92

         ●現場の声 11　特別支援教育士／巡回相談員 ……………… 95
         ●現場の声 12　学校心理士／巡回相談員 …………………… 97

第 8 章　注意欠如・多動症の心理とその支援　　99
         1節　注意欠如・多動症とは　　99
         2節　注意欠如・多動症の心理特性　　101
         3節　注意欠如・多動症の心理学が役立つ仕事　　105

         ●現場の声 13　自閉症・情緒障害特別支援学級教諭(2)… 107
         ●現場の声 14　児童相談所児童心理司 ……………………… 109

第 9 章　情緒障害の心理とその支援　　111
         1節　情緒障害とは　　111
         2節　情緒障害のある子どもの心理特性　　112
         3節　情緒障害心理学が役立つ仕事　　116

         ●現場の声 15　スクールカウンセラー ……………………… 118
         ●現場の声 16　臨床心理士 …………………………………… 120

第10章　肢体不自由の心理とその支援　　123
         1節　肢体不自由とは　　123
         2節　肢体不自由の心理特性　　124
         3節　肢体不自由心理学が役立つ仕事　　129

         ●現場の声 17　特別支援学校（肢体不自由）教諭 ………… 130

●現場の声 18　作業療法士 …………………………… 132

第11章　健康障害の心理とその支援　135

　1節　健康障害とは　135
　2節　健康障害の心理特性　136
　3節　健康障害心理学が役立つ仕事　141

　●現場の声 19　病院内学級担当教諭 ………………… 142
　●現場の声 20　医療保育専門士 ………………………… 144

第12章　重度・重複障害の心理とその支援　147

　1節　重度・重複障害とは　147
　2節　重度・重複障害の心理特性　149
　3節　重度・重複障害心理学が役立つ仕事　154

　●現場の声 21　生活介護事業所職員 ………………… 155
　●現場の声 22　大学教員 ………………………………… 157

　付録　さらに勉強するための推薦図書　159
　文献　160
　索引　168

第1章
障害者心理学へのいざない

1節　障害者心理学の意義と目的

　障害者とは，「身体障害，知的障害又は精神障害があるため，継続的に日常生活又は社会生活が相当な制限を受ける者」（障害者基本法（昭和45年法律第84号））と規定されています。障害者の心の働きや行動を科学的に捉え，研究をするのが障害者心理学です。ここでぜひ確認したいことは，障害者という特別な人や子どもがいるわけではなく，まず人や子どもがいて，彼らに障害という特性があるという捉え方です。障害者の心の働きや行動を理解する基本は一般心理学，たとえば発達心理学や社会心理学，臨床心理学，教育心理学，認知心理学，神経心理学など，であり，一般心理学を理解し，その知見をベースにすることが大切です。そのうえで，障害者心理学の視点から，障害が心の働きや行動に及ぼす影響を科学的・客観的に捉え，その普遍性を追求することになります。

　ところで，障害というと，何かとマイナスの側面として捉えがちです。たとえば目が見えない視覚障害があれば活字を見ることや活字を使った学習が難しくなり，耳が聞こえづらい聴覚障害があれば音声コミュニケーションが難しいというような「できない」ことに関心が向きがちです。それでは障害者心理学では「できない」ことを科学するのでしょうか？

確かに障害者心理学では，できないことを扱います。その際，できない理由のすべてを障害に求めるのではなく，障害を含めてあらゆる可能性を考えます。さらに，何ができないのか，どのようにできないのか，どこで，どんなときにできないのかを把握し，その状態や条件を確認しながら，できない負担を改善する状態や条件を考え，さらに，できる状態や条件を整えて，可能性を広げる支援を行うことにつなげます。このようにして，障害者心理学の成果は，障害者にかかわる教育や医療，福祉，そして社会に心理学的側面から基礎づけ・理論づけを与えます。

　加えて，障害者の現在「していること」，本来「できること」を把握し，評価する研究や，「していること」を「できること」のレベルに近づける支援方法を開発し，適用する研究が行われています。障害のない人々の心の働きや行動の特性をベースにした評価方法や支援方法は，障害者にそのまま用いることができないことも多く，また，その支援目標が障害者を障害のない人に近づけることになりがちです。それは，障害者が本当に必要としている目標とはかけ離れている可能性をもっています。個々の障害者の実態把握とそれに基づく目標設定のために，障害者心理学の成果を活かす必要があります。

　人はだれでもいつでも病気や障害を体験する可能性をもっています。それらの体験は人の心の働きや行動にさまざまな変化（そのなかには新たな視点や可能性，価値観，生きがいなどが生じることも含まれます）をもたらします。障害者は「障害のない者には想像もつかないような経験を積み，人生を深く体験している存在であり，人間とはなにか，人生いかに生くべきかを教えてくれる存在」（高橋，2007）なのです。障害者心理学には，障害という条件のもとにある人々の心の働きや行動を研究することによって，より深く人の理解を導くという側面もあります。古くは17〜18世紀初頭の哲学者のジョン・ロック（Locke, 1690）やバークレイ（Berkeley, 1709）たちが，「Molyneux問題」として目の見えない人に着目し，見えるとは何かに論及しています。彼らは見えない人を通して，見えるということの本質を明らかにしようとしたのです。日本においても，生まれながらにして，あるいは乳幼児期に白内障や角膜の混濁などによって目が見えなくなり，後に水晶体摘出や角膜移植の手術を受けた人（開眼者）

を対象とした研究があります（鳥居・望月，1992）。手術をしてもその直後は，これらの人々の視知覚は明暗の弁別以外なにもできない状態の場合が多いのですが，その後，長い年月にわたる見るための各種の学習を積むことによって，徐々に視知覚が形成されます。この形成過程は，見えない原因が取り除かれた後の盲人による視知覚獲得の過程を示すとともに，人の視知覚形成を理解する有力な手がかりとなっています。

　さて，先ほど考えたように，視覚障害者は確かに活字が使いづらい場面がありますし，聴覚障害者は音声コミュニケーションが難しい場面があります。しかし，少し視点を変えると，視覚障害者のなかには活字の代わりに点字を使いこなして高い学習成績をあげる人がいます。聴覚障害者のなかには手話で流ちょうにコミュニケーションを楽しむ人がいます。このように，代替の新たな手段を活用する能力を人がいかに獲得し，発揮するのかという，人のもつ可能性というプラスの側面も障害者心理学では科学します。

　たとえば，障害者の脳を調べることによって人の脳の可能性（可塑性）を明らかにした神経心理学的研究があります。人の脳の後頭葉にある視覚野は視覚情報の処理を行いますが，盲人は視覚からの入力を失っているために，彼らの視覚野はまったく働いていないのではないかと考えられてきました。ところが定藤ら（Sadato et al., 1996）の研究により，盲人の脳の視覚野が働いていることが明らかになりました。定藤ら（Sadato et al., 1996）は点字の読みに熟達した8人の盲人を対象者として，点字8文字からなる触刺激を提示し，意味のある単語か否かを判定させました。その際の脳の働きを調べた結果，盲人の一次視覚野を含む後頭葉が賦活することを発見しました。これは，盲人の脳の後頭葉が，本来の視覚情報の代わりに触覚情報の処理に使われていることを示しています。この発見は，人の脳の変化の可能性（可塑性）を示す結果として注目を集めました。このように，障害のない人々の研究だけでは捉えられなかった心の働きや行動，それを支える脳の機能・状態が，障害者を対象とした研究を通して明らかにされています。

　さあ，みなさんも障害者心理学を学び，一緒に研究や実践に取り組みましょう！

2節　障害の定義

　障害とは何でしょうか？
　国際連合総会で1975年に採択された障害者権利宣言において，障害者は「先天的か否かにかかわらず，身体的または精神的能力の欠如のために，普通の個人または社会生活に必要なことを，自分自身で完全，または部分的に行うことができない人のことを意味する。」と規定されています。1980年の世界保健機関（WHO）国際障害分類（ICIDH）では，障害を病気・変調が原因で生じた「機能・形態障害（impairment）」，その結果としての「能力障害（disability）」，さらにその結果としての「社会的不利（handicap）」があるという，方向性をもつ3つの次元を設定して分類する考え方を示しています。たとえば視覚障害において，白内障（病気）の結果，視力低下（機能障害）が生じ，読み困難や歩行困難（能力障害）となり，労働機会の喪失や賃金低下（社会的不利）が発生すると捉えたのです。
　ところで，障害の理解と説明のために，「医学モデル」と「社会モデル」という概念モデルが提案されています。医学モデルでは，障害という現象を個人の問題として捉え，障害は病気・外傷やその他の健康状態から直接的に生じるものであり，専門職による個別的な治療というかたちでの医療を必要とするものと捉えます。障害への対処は，障害をもつ個人を対象とし，医療による治癒あるいは，よりよい適応と行動変容を目標とします。
　一方，社会モデルでは障害を社会によってつくられた問題とみなし，障害のある人を社会に完全に包摂する際に遭遇する社会の問題として障害を捉えます。障害は個人に帰属するものではなく，さまざまな状態の集合体として捉えられ，その多くが社会環境によってつくり出されたと考えます。障害への対処に際して，障害のある人が社会生活全分野に完全参加するうえで必要となる環境の変更を，社会全体に求めます。
　障害者権利宣言やICIDHにおける障害観はこれらのうち，医学モデルが根底にあり，社会モデルで主張されている障害者と社会との関連が希薄でした。これら2つの，いわば対立するモデルの統合を意図したのが，2001年5月にWHO総会で採択されたICF（国際生活

機能分類：International Classification of Functioning, Disability and Health）です（WHO, 2001）。ICIDH が機能・形態障害，能力障害，社会的不利という方向性のある3つの次元にどれだけできない部分があるかというマイナスの面から障害を分類する視点を示したのに対して，ICF はある健康状態（病気（疾病），変調，傷害など）にある人が生活機能（functioning）（心身機能・身体構造（body functions and structures），活動（activities），参加（participation）という3つの中立的次元からなる）をどれだけ発揮できるか，またはしているかというプラス面から分類する視点へと転換し，その結果，ICF は障害（disability）のある人だけではなくすべての人の分類を可能にしました。生活機能を構成する3つの次元に問題が生じた状態は，それぞれ機能障害（impairments），活動制限（activity limitations），参加制約（participation restrictions）と表現されます。特に，ICF では，人の生活機能と障害が，健康状態ならびに背景因子（環境因子と個人因子）との間で相互にダイナミックな作用を及ぼし合うことを重視します。なお，環境因子には，物的な環境や社会的環境，人々の社会的な態度による環境などがあり，それぞれが促進的あるいは阻害的な影響力をもっています。個人因子（性別，人種，年齢，体力，ライフスタイル，習慣，困難への対処方法，その他）も背景因子の構成要素ですが，社会的・文化的に大きな相違があるために，ICF では分類を行いません。

　ICF の概念的枠組みであるさまざまな構成要素間の相互作用について示したのが図1-1 です。各構成要素の間にはダイナミックな相互関

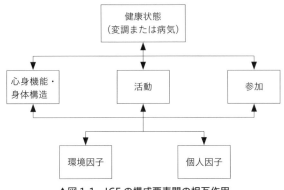

▲図1-1　ICF の構成要素間の相互作用

係が存在するため，1つの要素に介入するとそれ以外の1つまたは複数の要素を変化させる可能性があります。たとえば，段差のない道路や駅のエレベーターなどが整備され，バリアフリーの環境が整えられれば，機能障害のレベルに変化がなくても，格段に活動や参加のレベルが向上します。また，すべての相互作用は双方向性であり，場合によっては，障害により健康状態自体が変化する（たとえば，手足を使えないことが筋萎縮の原因となる）こともあります。

　2006年12月13日の第61回国際連合総会本会議において，国際人権法で定める人権の視点を考慮した障害者権利条約が採択され，2008年5月に発効しました。障害者権利条約第1条目的では，「障害者には，長期的な身体的，精神的，知的又は感覚的な機能障害であって，さまざまな障壁との相互作用により他の者との平等を基礎として社会に完全かつ効果的に参加することを妨げ得るものを有する者を含む。」と規定します。日本では，この障害者権利条約の批准のために，障害者基本法の改正（2011年8月），障害者総合支援法の成立（2012年6月），障害者差別解消法の成立および障害者雇用促進法の改正（2013年6月）など，さまざまな法制度整備が行われました。教育制度においては，2007年4月に行われた特殊教育から特別支援教育への移行の後，共生社会の形成に向けたインクルーシブ教育システムの構築が進められています。これらはいずれも，これまでの施策に社会モデルの考えを加え，さらに人権の視点も加えて障害を位置づけた対応と捉えることができます。なお，視覚障害などの障害種別の定義は，第2章から第12章に記述されていますので，そちらを参照してください。

　2014年1月20日，日本は障害者権利条約の批准書を国連に寄託し，日本は141番目の締約国・機関となりました。2016年4月には，障害者差別解消法が施行され，実際に効力が発揮されています。障害者が社会のなかで，自らのもつ可能性を十分に発揮し，共に生きていくことのできる体制の整備が，今後ますます進められます。そこでは，障害者心理学が蓄積してきた知識と技能の活用がよりいっそう求められ，それらを身につけた専門家の活躍する機会が増すことになるでしょう。

3節　障害の理解・受け止め

　障害または病気があるという医学的な診断を，本人や親，家族に伝える行為を告知といいます。診断の告知は，「医師」が行うことが原則です。この告知前に，障害や病気の有無に関して，医師以外の関連専門家などが先んじて本人や親と話題にすることは基本的に避ける必要があります。告知を受けると，本人や親には心理的な変化が生じることが明らかにされています。告知後の心理的な変化を受け止め，その後の医療，教育，福祉などにつなぐことが必要です。

　本人や親の障害の理解や受け止めには，障害特性など多くの要因が影響し，複雑なものとなります。特に認識が必要なのは，①本人や親がすべて同じ理解や受け止めをするわけではないこと，②理解や受け止めの程度は深まる方向にも浅くなる方向にも変化し続けること，③互いに矛盾する複数の理解や受け止めの状況が共存しうること，などです。支援にあたっては，これらを常に意識しなければなりません。

1. 自己の障害の理解・受け止め

(1) 障害の理解・受け止めの発達的変化

　生まれながら，もしくは生後間もなく障害が生じた子どもは，障害のある心や身体の状態を自然な状態と捉えています。そこで，障害の理解・受け止めは，自身の障害についての「気づき」があって初めて生起し，その気づきの内容とレベルは，①気づきの契機となる出来事に直面した時の年齢や発達段階，②気づきが他者からによるか，自らによるか，③その子どもを取り巻く家庭や学校や地域の状況，さらには時代社会のあり方が影響します（柏倉，2012）。

　ここでは年齢段階における気づきと受け止めについてまとめます。
①幼児期前半まで　障害にまったく気づかない，もしくは気にしません。
②幼児期後半まで　ほかの子どもたちとの交流をきっかけに「同じにできない」ことへの苛立ちとして気づきが表れ始めます。しかし，ほかの子どもも同じ苛立ちの状態にあると捉え，できない理由を自分の障害に帰することはありません。
③学童期　「同じにできない」ことを障害との関係で意識しはじめま

す。一方，周囲の人々との交流のなかで，自らの障害の理解や受け止めが形成され始めます。

④**思春期から青年期**　自己の障害に価値を加えるようになります。ネガティブな場合にはフラストレーション反応（親への恨み，社会への反発，自己否定，引きこもりなど）が生じやすくなります。

⑤**青年期後半から大人**　ありのままの自分を対象化し客観視できるようになる時期で，自己の障害への「気づき」を経て，「世間の常識ではなく，自分の常識で生きる」という価値観を形成します。

(2) 中途の障害の理解・受け止め

　人生の途中で障害が生じた場合の理解・受け止めはさまざまですが，生まれながらもしくは生後間もなく障害が生じた場合と比較すると，以前の生活や行動と比較して障害が生じた後の制限や制約が認識されやすいことから，ストレスなどが非常に大きくなり，欲求不満（フラストレーション）を増進させます。さらに，その解消のために家族などにあたるなどの攻撃行動や敵意の表出，退行，引っ込み思案などが生じがちです。

　ところで，人はだれでも生活や行動に制限や制約が生じれば欲求不満を感じ，攻撃行動などの行動をとるものです。こうした行動は障害者に特有なものではなく，制限や制約に対して人がとる「正常」な反応と捉えられます。なお，この欲求不満の現れ方は，受障以前のその人のパーソナリティが大きくかかわっていることが知られています（河内，2008）。

　障害の発生の仕方により，障害の理解・受け止めには違いが生じます。進行性の病気などによる障害では生活や行動に徐々に制限や制約が生じることから，その状態に適応する時間が確保できる反面，障害に対する不安や恐怖を長い時間にわたって経験することになります。一方，事故などで突然にそれまでもっていた形態や機能，能力などが失われた場合には，それに伴う精神的打撃は計り知れないものがあります。その打撃から自らを保護するために，感覚や感情，思考の消失や麻痺が生じ，不安から免れるショック状態が起こります。このショック状態が終わると，受障した自己への嘆きや受障した事実を否認したり，うつ状態が支配的になったりします（河内，2008）。

これまで「障害に対する心理・社会的適応」については，多く研究が行われています。それらの研究において，障害の体験は親しい人や愛着のある対象の喪失と多くの点で類似しているといわれており，主に「ストレス－対処」（受障のストレスへの対処スタイルや対処資源により回復の様相はさまざま），「喪失－抑うつ」（受障後，ショック，否認，怒り，抑うつ，受容・回復などの段階を経る），「心的外傷－再統合」（受障による本人の世界観への影響は，心的外傷のレベルによって異なる）の3つの理論から説明されています（山中，2008）。

2. 他者からの障害の理解・受け止め

(1) 親による子どもの障害の理解・受け止め

　障害のある子どもの親の障害理解は，混乱から回復までの段階的な過程を踏むと説明されています（中田，1995）。ドローターら（Drotar et al., 1975）の段階説（stage theory）では，先天性の身体障害のある子どもの誕生に対する親の反応を，ショック，否認，悲しみと怒り，適応，再起の5段階に分類しています。出生後早期診断が可能な障害では，障害の告知による衝撃とその後の混乱，またそこから回復する過程がこの段階説による障害の理解とおおむね一致します。日本における子どもの障害に対する親の理解の段階を記載した研究（鑪，1963）では，ドローターら（Drotar et al., 1975）の最終段階としての適応・再起のさらに次の段階として，「努力を通して親自身の人間的な成長を子どもに感謝する段階」「親自身の人間的成長，障害児に関する取扱いなどを啓蒙する社会的活動の段階」を掲げ，障害児の存在が親に必ずしもマイナスの影響だけを及ぼすわけでないことを指摘しています。

　ところで上記の段階説は，障害を知ったために生じる混乱が時間の経過とともに回復する，つまり終了することが約束された正常な反応であると位置づけており，いつまでも悲しみから抜け出せない場合にはそれが正常な反応の途中なのか，あるいは異常なのかが判断できません。また，最終的に障害を「受容すること」をすべての親に求めることになり，その段階に達しない親に過酷な要求をすることになります。

こうした再適応を前提とする段階説とは異なる見解をオルシャンスキー（Olshansky, 1962）が，知的障害児の親の慢性的悲嘆（chronic sorrow）をもとに行っています。知的障害児の大多数の親は自然な感情の表出である慢性的悲嘆を示しますが，医師や臨床心理士やソーシャル・ワーカーなどの専門家はその悲嘆を神経症的な症状と捉え，親がこの悲嘆を乗り越えるよう注力する結果，親が現実を否認する傾向を強める結果に陥ると指摘しました。また，子どもが歩き始める時期や言葉が出る時期，また進学する時期など発達の節目に親には悲嘆が再起することから，慢性的悲嘆は常に悲嘆の状態にあるのではなく，発達課題の達成時期や社会的な出来事が障害児の親や家族の悲嘆を再燃させる原因になると考えました。発達障害や知的障害など，出生直後の診断確定が困難な事例では，親はこうした慢性的なジレンマの状態に陥りやすく，慢性的悲嘆の概念がその理解に役立ちます。

なお，親による子どもの障害の理解・受け止めに及ぼす要因として，桑田・神尾（2004）は，子どもの障害種別などの特性要因，診断告知の時期の要因，親の障害に関する知識量などの内的要因，配偶者の存在などの家庭の要因，制度や障害観などの社会的要因を指摘しています。

(2) きょうだいによる障害の理解・受け止め

家族のなかの障害児の存在が，きょうだいに影響を及ぼすことを否定することはできません。障害のある人々に対する社会の態度ばかりではなく，親の態度もまた，きょうだいの態度に影響を与えます。障害児と一緒に生活することが必ずしも障害を十分に理解し受け止めることにつながるとは限らず，たとえば，視覚障害児のきょうだいの約26％に行動上の問題が生じていることが報告されています（Fielder et al., 1993）。

きょうだいには，その育ちにおいて，特有の悩みやストレスがあります。幼少期に親や教師の役割をきょうだいが果たしたり，「いい子」を演じたりして，その後，不登校などの不適応が現れることがあります。きょうだいの障害児に対する寛容さは年齢とともに変化しがちで，たとえば思春期早期には障害児の存在がほかの時期よりもいっそう気になりやすく，その存在を隠したり拒否したりしがちになりま

す。さらに，親の死後の心配や自らの職業選択に悩む場合もあります。障害のある子どものきょうだいを対象とした「きょうだい支援」が必要とされています（遠矢，2009）。

(3) 社会の障害の理解・受け止め

内閣府（2012）によると，障害を理由とする障害者への差別や偏見が世の中にあると思うかを聞いたところ，「あると思う」とする人の割合が89.2％（「あると思う」56.1％＋「少しはあると思う」33.0％），「ないと思う」と答えた人の割合が9.7％となりました。年齢別には，「あると思う」とする人の割合は20歳代から50歳代で9割を超えています。この結果から，障害者に対する偏見や差別が社会に存在することが推察されます。たとえば障害者施設の建設にはしばしば反対運動が起こり，設置できた施設においても職員のモラルやサービスレベルの低さ（中島，2011）や，虐待や賃金未払いなどの事件（副島，2000）が報告されています。2016年の障害者施設殺傷事件はみなさんの記憶に残っていることと思います。

栗田（2015）は，障害者に対する偏見・差別には4つの合理的理由があると考えています。第1に，生命維持のためのリスク回避反応（障害や形態異常は感染症のシグナルであり，それを嫌悪し回避する），第2に，互恵性規範（障害者は能力が制限されており，こちらの協力に対する返報が見合わない可能性から，協力関係がつくりにくい），第3は，社会的アイデンティティに基づく内外集団の差別化（自分と異なる特徴をもつ人を冷遇し，同じ特徴をもつ仲間を優遇することが自尊心の向上に寄与する），第4は，平均や多数派を好む文化的自己観（東洋では他者と協調し，多数派を支持する文化的背景があり，多数派から逸脱する少数派（ここでは障害者）は排斥される）です。

これら4つの偏見・差別理由のそれぞれに対する理論的な解決策として，栗田（2015）は，①障害を病気の感染源とする誤解を解く「障害理解」，たとえば当事者からの自己開示による知識の提供，②互恵性規範による誤解を解く「能力観の転換」，たとえば障害を個人の能力から社会環境の問題と捉える，③内外集団の差別化に基づく誤解を解く「境界線を引かない社会」，たとえば個人的に対等に協力し

がら相互に助け合って成功や達成を目指す接触（Yuker, 1988）の機会の確保，④文化的自己感の誤解を解く「多様性の受容」，たとえばインクルーシブ教育をあげています。

障害者への理解啓発について三沢（1985）は，①障害に関する知識・情報，②障害者との接触の機会，③公正な能力観，④適正な競争意識の重要性を指摘しています。

家族や社会の障害の理解・受け止めが障害者自身に与える影響について，河内（2008）が視覚障害者を例にしてまとめています。

> なかでも，家族など身近な人々の否定的な障害者観は，中途失明者にとっては大きな心の痛手である。……たとえば，近親者のなかに障害者を身内に持つことが恥ずかしいなどといった気持ちを持つ者がいると，当人はその気持ちを敏感に感じとり，自らの消極的な意識と相まって，家に閉じこもってしまうことにもなりかねない。このようなことから，家族の考えが，障害のある本人の行動を大きく支配することにも留意すべきである。……地域の人々の意識は，視覚障害者にとって計り知れない精神的ストレスを与えるものである。たとえば，ヘレン・ケラーは，「見えない人にとって最も耐え難い重荷は見えないことではなく，見えない人に対する見える人の態度である」と述べている。したがって，中途失明者の社会心理的問題を解決する鍵は，社会の人々との関係を良好にすることだといっても過言ではないであろう。

（4）専門家による障害の理解・受け止め

ICFにおける心身機能や活動の状態に対応した支援や，参加を促す支援を行うためには，まず，個人の「していること」と「できること」を専門家が客観的に把握する必要があります。そのために，身体系の解剖学的構造と生理・心理機能の状態，個人の活動の状態，さらに参加の状態を測定・評価します。ICFの概念的枠組みと測定・評価で得られる情報との関連を図1-2に示します。

心身機能の制限や身体構造の制約の把握には，視力・聴力などの感覚機能の測定や知能検査などの精神機能の測定，運動機能の測定，さらに脳波などの生理心理学的測定とそれらの評価が行われます。活動の制限の把握についても，読みや学力に関する検査や日常生活能力に

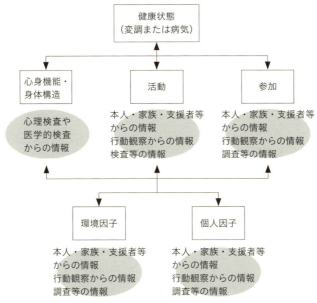
▲図1-2　ICFの概念的枠組みと測定・評価で得られる情報（前川，2008を一部改変）

関する検査など，各種の測定・評価方法が開発されています。さらに，障害のある本人や養育者，教師，支援者などへの面接と，面接で得られた情報に基づく行動観察が行われます。参加の制約のほか，背景因子である環境因子と個人因子に関する状態把握として，面接や行動観察のほか，各種の質問紙調査や社会調査などが行われます。これらの測定結果や評価結果を検討し，障害者の状態を把握するとともに，支援にその情報を役立てることになります。

　なお，専門家は障害者を支援・指導しようという意識（パターナリズム）が強く，無意識に障害者を枠，すなわち専門的知識のなかだけで捉えがちになり，相手のありのままの姿を見ようとしない傾向があります。得られた客観的な情報は，身体系の解剖学的構造や生理・心理機能の状態，個人の活動の状態，さらに参加の状態といった，個々の状態の理解におおいに役立ちますが，専門家はそれらを総合的に理解・把握して，対象者を一人ひとりの人間として包括的に捉え，位置づける視点をもつ必要があります。その意味で，障害当事者の意見・希望の聴取とその反映も，欠くことができません。専門家も障害者も

対等の立場にあるという"work with"の意識を常に心がける必要があります。障害にかかわる専門家の果たすべき役割について，中村（2007）が過去・現在・未来にわたりまとめています。

4節　障害者心理学が役立つ仕事

　障害者心理学が役立つ仕事にはさまざまなものがあります。ここでは，教育，福祉，医療・保健，司法，産業の5つの分野に分けて説明します。さらに，親の会やNPO法人などの活動も紹介します。

1. 教育分野における仕事

①幼稚園・保育所

　幼児を保育する場として幼稚園や保育所，認定こども園があります。「ちょっと気になる子ども」が通園するケースも増えており，特別支援教育コーディネーターとして専門知識・技能を発揮する役割のほか，園長，主任，クラス担任などが，特別支援学校や児童発達支援センターなどの専門家に相談しながら保育にあたっています。

②学校

　小・中学校の通常の学級に在籍している障害のある子どもに対して，障害に配慮し，指導内容・方法を工夫した学習活動を行うほか，障害の状態，教育上必要な支援の内容，地域における教育の体制の整備の状況その他の事情を勘案して，「通級による指導」や「特別支援学級」において適切な教育を行います。障害の判断は，障害のある児童生徒の教育の経験のある教員等による観察・検査と，専門医による診断等に基づき心理学，教育学，医学等の観点から総合的かつ慎重に行います。校長，教頭，特別支援教育コーディネーター，通級指導教室担当教員，特別支援学級教員，養護教諭，学級担任による校内委員会が教育・支援方法を検討するなど，学校全体で障害のある子どもの教育・支援にあたります。障害のある子どもの介助や学習支援を行う特別支援教育支援員も活躍しています。

　特別支援学校では視覚障害，聴覚障害，知的障害，肢体不自由，病弱・身体虚弱が比較的重い幼児児童生徒を対象として専門性の高い教育が行われています。在籍する幼児児童生徒への指導のほか，地域の

特別支援教育のセンターとして，近隣の学校からの求めに応じた助言・援助，教育相談や巡回指導を行っています。

近年では，高等学校に在籍する障害のある生徒に対する特別な教育課程の編成や通級による指導が実施される一方，大学に在籍する障害学生の修学支援も進められています。

都道府県や市町村の教育委員会や特別支援教育センターでは，障害のある子どもの就学や学習にかかわる相談や研修・研究を行っており，ここでも障害者心理学の専門知識が活かされています。

2．福祉分野における仕事

①児童相談所

児童福祉法に基づく児童福祉の専門的行政機関で，都道府県および政令指定都市に1か所以上設置されています。障害にかかわる相談として，保健相談，肢体不自由相談，視聴覚障害相談，言語発達障害等相談，重症心身障害相談，知的障害相談，自閉症等相談などを扱い，療育手帳をはじめとする各種手当てのための判定，児童発達支援センター，障害児入所施設，情緒障害児短期治療施設などの各種施設利用のための判定，また，定期的な来所に基づく児童や保護者への面接相談などを，児童心理司，児童福祉司などの専門職を中心に行っています。

②児童発達支援センター

児童福祉法に基づく地域の中核的な支援施設で，集団療育や個別療育を行う必要がある未就学の障害児とその家族を対象として，保育士や社会福祉士，介護福祉士の資格をもつ職員等が日常生活の基本的な動作の指導や知識技能の付与，集団生活への適応訓練などの支援を通所で行います。センターのもつ専門機能を活かして，地域の障害児やその家族への相談（地域支援），障害児を預かる保育所などへの援助・助言（保育所等訪問支援）など，センターに通う子どもたちのケア以外の役割も担います。

③放課後等デイサービス

障害のある学齢期児童が学校の授業終了後や学校休業日に通う，生活能力向上のための訓練や社会との交流促進等療育機能・居場所機能を備えたサービスで，「障害児童の学童保育」とよばれています。児

童発達支援管理責任者と，多くは保育士や社会福祉士，介護福祉士の資格をもつ指導員が活躍しています。

④障害児入所施設

　障害児を入所させて支援を行うことを目的とする施設です。かつては知的障害児施設，知的障害児通園施設，盲ろうあ児施設，肢体不自由児施設，重症心身障害児施設に分かれていましたが，2012年の児童福祉法改正により障害児入所施設に統合されました。一元化される前の障害種別の施設と同等の支援を行うとともに，さまざまな障害や重複障害などに対応し，地域生活への移行等自立を目指した支援を保育士や社会福祉士，介護福祉士の資格をもつ職員等が提供します。

⑤情緒障害児短期治療施設（児童心理療育施設）

　心理的困難や苦しみを抱え，日常生活の多岐にわたって生きづらさを感じて心理治療を必要とする子どもたちを，入所あるいは通所させて治療を行う施設で，臨床心理士や児童相談員，保育士などが活躍しています。子どもたちの社会適応能力の育成を図り，将来健全な社会生活を営むことを目指し，相談その他の援助も行っています。

⑥その他の障害者にかかわる仕事

　障害者総合支援法のもと提供される障害福祉サービス等は以下のとおりです。①障害福祉サービス：居宅介護・重度訪問介護・同行援護・行動援護・重度障害者等包括支援・短期入所・療養介護・生活介護・施設入所支援・自立訓練（機能訓練）・自立訓練（生活訓練）・就労移行支援・就労継続支援A型・就労継続支援B型・共同生活援助（グループホーム）。②地域生活支援事業：移動支援（地域活動支援センター・福祉ホーム）。③相談支援：計画相談支援・地域相談支援。

　これらの障害福祉サービス等を障害福祉サービス事業所が提供し，社会福祉士や介護福祉士の資格をもつ職員が活躍しています。

　都道府県や市町村の福祉課や社会福祉協議会では，障害のある子どもにかかわる育児・療育相談や障害者のサービス利用にかかわる計画案の作成，事業所などとの連絡調整などを行います。

3．医療・保健分野における仕事

①病院

　医療とその関係分野の専門職が行うリハビリテーションを医学リハ

ビリテーションとよびます。リハビリテーション専門医・リハビリテーション看護師・理学療法士（PT）・作業療法士（OT）・言語聴覚士（ST）・視能訓練士（ORT）・精神保健福祉士（PSW）・臨床心理士・義肢装具士・臨床工学技士・柔道整復師・医療ソーシャルワーカー（MSW）など多数の専門職の協業によって医学的リハビリテーションが行われています。

②保健所・保健センター

　保健師が中心となり，地域住民の障害や疾病の予防，また，健康増進のための活動を展開しています。特に，乳幼児に関する仕事が多く，健康診断（健診）や育児相談，育児教室の実施など，障害にかかわる業務も担っています。何らかの障害や発達や育児上の困難が確認されると，養育者と相談のうえ，適切な時期に医療や療育に結びつけます。

4．司法分野における仕事

　家庭裁判所は，家事事件と少年保護事件，少年の福祉を害する成人刑事事件を扱う裁判所です。紛争の原因や少年が非行に至った動機，生育歴，生活環境など，事件の背後にある人間関係や環境を考慮した解決のために，家庭裁判所調査官が，調査や面接などを通じて，情報収集を行います。

　家庭裁判所が保護処分のひとつとして送致決定した少年に対し，社会不適応の原因を除去し，健全な育成を図ることを目的として矯正教育を行う少年院や，家庭裁判所の観護措置決定によって送致された少年を収容し，非行の原因の解明や処遇方針の策定のための調査を行う少年鑑別所では，法務教官が幅広い視野と専門的な知識をもって，少年たちの個性や能力を伸ばし，健全な社会人として社会復帰させるための指導・教育を行います。

　近年，少年事件や非行の背景としての障害の存在が注目されており，調査官や法務教官には障害者心理学，教育学などの関係諸科学の知識が必要とされています。また，心理学を専門とする鑑別技官も活躍しています。

5. 産業分野における仕事

　障害者に対して、職業評価、職業指導、職業訓練、職業紹介などを行い、職業生活において自立を図る職業リハビリテーションが行われています。

　障害者の雇用にかかわる相談・支援機関にはハローワークや地域障害者職業センター、障害者就業・生活支援センター、在宅就業支援団体、障害者職業能力開発校、発達障害者支援センターなどがあり、就労に向けた支援策として、チーム支援、トライアル雇用（障害者試行雇用支援事業）、職場適応援助者（ジョブコーチ）、チャレンジ雇用などが行われています。

　そのほか、住みよい社会環境整備のためのまちづくり関連職（ユニバーサルデザインやバリアフリーの考え方をふまえた住宅・建築、交通機関、都市計画、歩行・移動空間、防災・防犯対応など）や情報アクセシビリティを向上する情報関連職（機器・システム・コンテンツ開発、コミュニケーション支援など）もあります。

6. 親の会や NPO の活動

①親の会

　自主的な活動の代表的なものが「親の会」の活動で、それぞれの障害名による団体や、障害をもたらす疾患名による団体など、さまざまな親の会が活動しています。親の会の機能としては、「理解啓発や情報交換」「相互支援や相談支援」「地域生活支援」「地域生活の充実のための陳情」などがあり、行政などが積極的に支援している団体もあります。

　子どもに障害があることがわかると、その障害や活用できる支援などについての基本的な情報がなくて困る場合があります。また、どのように子育てに取り組めばいいのか大きな不安を抱えます。そのようななかで、身近な地域にある「親の会」の活動は貴重な手がかりになります。同じ障害の子どもをもつ親だからわかるという事柄も多く、お互いに支え合い、手をつなぐことで安心感が得られます。

② NPO 法人

　さまざまな種類の多数の NPO 法人が、子育て支援、児童支援、就

労支援，生活支援，余暇・スポーツ支援などに関して，障害者や障害のある子どもとその親，家族を支えています。また，個別・グループ療育，家事援助，身体介護，通院介助，訪問介護，行動援護，移動支援などを提供しています。障害のある人々とその家族が地域で生活していくうえで，NPO法人の活動は，強力なサポーターとして機能しています。

5節　倫理的な配慮

　近年，人にかかわる研究・実践活動等を行う諸機関や関連学会に倫理規定を設ける動きが広がっています。それらの規定のなかには，研究や実践活動等に従事する人が最低限守るべき事項が定められています。ここでは，障害者心理学を学び，研究・実践活動を行ううえで常に心得るべき倫理的な配慮の内容を，一般社団法人日本特殊教育学会倫理綱領に基づいて紹介します。より具体的な手続き等は，関連する学会や大学，支援・研究機関が作成した倫理規定やガイドラインを必ず確認してください。

・研究や実践活動等に従事する者（以下，研究者と実践家）は，すべての人の基本的人権と尊厳に対して適切な敬意を払い，障害のある人々や障害のない人々の自由と幸福の追求を尊重することが必要です。そのために，研究協力者と実践対象者に対しては，健康・福祉・安全に十分留意し，プライバシーを守り，自己決定および自律性という個人の権利を尊重することに最大限の配慮を払わなければなりません。

・研究者と実践家は，得られた知識・情報を伝達する自由と権利を保有していますが，それに伴う責任を自覚し，発言の公正と客観性に努めるとともに，社会に対する影響についても十分な配慮を払わなければなりません。

・研究や実践活動において留意すること。
①活動の参加の決定にあたり，研究協力者と実践対象者の意思が尊重

される必要があります。参加に対する過度の勧誘や強制があってはいけません。

② 研究協力者と実践対象者が自らの意思で研究・実践への参加を拒否，あるいは中断できることを事前に説明し，その意思の表明があった場合には直ちに実行する必要があります。研究協力者と実践対象者の発達や理解の水準を考慮し，事前の説明における伝達上の配慮と，研究・実践進行中の協力者の意思表明にかかわる配慮が必要です。

③ プライバシーにかかわる研究・実践の場合には，研究協力者と実践対象者に文書または口頭で同意を得る必要があります。なお，研究協力者と実践対象者に同意の判断ができない場合には，研究協力者・実践対象者を保護する立場にある者（以下，保護者）の判断と同意を得る必要があります。

④ 上記の同意を得る際には研究・実践実施にかかわる情報を開示し，十分な説明を行うことを原則とします。なお，事前開示が不可能な研究・実践においては，それが個人に何らかの不利益を与えないことを確認したうえで研究・実践を実施し，事後に研究協力者・実践対象者ないし保護者にその理由を説明する必要があります。

⑤ 研究協力者と実践対象者に対して，身体的・心理的な苦痛や危険，および継続的な被害を与えてはいけません。研究・実践進行中に研究協力者と実践対象者の心身を脅かしていることに研究者と実践家が気づいた際には，研究・実践を直ちに停止し，事態の改善を図る必要があります。

⑥ 研究と実践によって得られた研究協力者と実践対象者に関する情報は厳重に管理し，実施時に同意を得た目的以外に使用してはいけません。

・研究や著作の公表において留意すること。
① 研究・著作の公表に際しては，研究・実践のもたらす社会的，人道的，政治的意義に十分配慮し，専門家としての責任を自覚して行う必要があります。
② 個人のプライバシーを侵害してはいけません。研究協力者と実践対象者の個人的な資料については厳重に保管し，秘密保護の責任をも

つ必要があります。また，プライバシーにかかわる個人的な資料について公表する必要がある場合には，研究対象者・実践対象者または保護者の同意を得る必要があります。

③研究・実践のために用いた資料等については出典の明記と著作権の尊重が必要です。

④共同研究においては，公表に際して共同研究者の権利と責任に配慮する必要があります。

⑤研究結果を社会に向けて公表する際には，科学的根拠に基づいて，虚偽や誇張，歪曲，扇動があってはいけません。

・研究者と実践家は，研究倫理に関する国内外の関連法規を学び，研鑽する機会をもつよう努める必要があります。

・研究者と実践家は，研究・実践活動において，守るべき倫理内容を十分に理解し，その内容から逸脱することのないよう，努める必要があります。

第2章

視覚障害の心理とその支援

活かせる分野

1節　視覚障害とは

　視覚障害（visual impairments）とは，視機能が永続的に低下しており，日常生活や社会生活に何かしらの制限を受けている状態をいいます。視機能には，視力や視野，色覚などがありますが，視覚障害に共通する視機能の低下は視力です。

　学校教育において特別支援学校（視覚障害；「盲学校」）に就学する視覚障害の程度に関しては，学校教育法施行令第22条の3に示されています。この条文によると，視覚障害は「両眼の視力がおおむね0.3未満のもの又は視力以外の視機能障害が高度のもののうち，拡大鏡などの使用によっても通常の文字，図形などの視覚による認識が不可能又は著しく困難な程度のもの」となります。なお，ここにある「両眼の視力が」とは矯正視力をさしています。また，身体障害者福祉法の別表による視覚障害を表 2-1 に示しました。

▼表 2-1　身体障害者福祉法の別表による視覚障害

1	両眼の視力（万国式試視力表によって測ったものをいい，屈折異常がある者については，矯正視力について測ったものをいう。以下同じ。）がそれぞれ 0.1 以下のもの
2	一眼の視力が 0.02 以下，他眼の視力が 0.6 以下のもの
3	両眼の視野がそれぞれ 10 度以内のもの
4	両眼による視野の 2 分の 1 以上が欠けているもの

さらに，視覚障害は，「盲（blind）」という状態と「弱視（partial sight，またはlow vision）」という状態に分類されます。「盲」は，主として触覚や聴覚などの視覚以外の感覚を活用して，学習や生活をする程度の視覚障害をいい，「弱視」は，文字の拡大や視覚補助具を活用するなどして普通の文字を使って学習や生活をする程度の視覚障害をいいます。ただし，盲と弱視は，特別な基準により明確に分けるようなものではありません。たとえば，矯正した視力が0.02であっても，視覚補助具などを活用して普通の文字で生活・学習している人がいる一方で，常用する文字は点字を用いている人もおり，一人ひとりの視機能の状態により一概ではありません。なお，医学分野では，「弱視」という用語が疾患名として用いられていることから，教育分野と医療・福祉分野でコミュニケーションを円滑にとる際には「弱視」に代わり「ロービジョン」という用語が用いられます。

2節　視覚障害の心理特性

1. 視覚障害児の発達の特徴

　視覚障害児の発達の特徴として，視覚障害のない子ども（晴眼児）と比較して手の操作能力や移動能力などに遅れがみられることが指摘されます。これらの遅れは直接的に視覚障害から影響を受けているのではなく，視覚障害があることによる生活のなかで生じてくるものと考えられています。

　ウォーレン（Warren, 1994）は，視覚障害児にみられる発達の遅れの多くの側面は，視覚障害それ自体によるものではなく，視覚障害に伴う環境的要因によるものであることを述べています。同様に，五十嵐（1993）は，視覚障害幼児の発達を規定する要因について，医学的な問題を背景とする一次的要因と，教育支援などにより対応が可能な二次的要因とに整理しています。この対応可能な二次的要因として，「行動の制限」「視覚情報の欠如」「視覚的模倣の欠如」「視覚障害児に対する社会の態度」の4点をあげています。たとえば，手の操作機能に関しては，視覚に障害がない場合，発達の初期段階では視覚的刺激に誘発され，対象に手を伸ばして操作したり，その後も大人の操作を見ながら自分がまねたりしつつ操作能力を向上させていくこ

とが一般的です。しかし、視覚障害がある場合、対象がそこに存在していること自体を認知できなかったり、視覚的な模倣による学習ができないなど、絶対的な経験量の不足や練習の不足により手の操作能力に遅れが生じてしまうという考え方です。

なお、副次的な問題として、これらの動作や技術の一つひとつを周囲の大人から教えられるという状況は、新しい行動の拡がりが少なく自発性や主体性にも影響を及ぼしてしまう可能性があることを五十嵐(1993)は指摘しています。

2. 視覚障害児の言語発達

視覚障害幼児の言語発達については、周囲の大人などが音声を発するプロセスを視覚的に確認したり模倣したりできないことや、自分自身が発した音声への周囲の反応を確認できないことなどから、初期的には遅れがちになります。ただし、ひとたびでき上がると急速に言葉の理解がなされることが示唆されています（佐藤、1974）。

さらに、視覚障害児の言語発達の側面としては、バーバリズムについて理解しておくことも重要です。バーバリズムとは、具体的な事物や事象について体験的に裏づけられることなく、言葉だけの連想によって発せられる言語とされてきました。「バーバリズムの回避は視覚障害教育の課題のひとつ」と指摘されることもありましたが、一般的に子どもの言語の習得過程では多かれ少なかれバーバリズムの傾向を示すことを理解したうえで、視覚障害児には経験不可能と思われる言葉も社会生活上必要ならば使用することに問題はなく、言葉だけ知っている状態を体験やすでに身につけている概念などによって裏づけていくことが重要であると考えられるようになってきています。

3. 弱視児の視知覚

佐藤（1974）は弱視児の見え方の特徴として次の点をあげています。

①細かい部分がよくわからない、②大きいものでは全体把握が困難である、③全体と部分を同時に把握することが難しい、④境界がはっきりしない、⑤立体感に欠ける、⑥運動知覚の困難なものが多い、⑦知覚の速度が遅い、⑧目－手の協応動作が悪い、⑨遠くのものがよく

見えない，以上の9点です。さらに，この9点以外に眼疾患や疾患の部位により，色の弁別力が低い場合もあります。弱視児は色の明度，彩度，色相の3要素のなかで，特に彩度と色相の弁別力が低く，明度の近い色の識別が困難なことが多いといわれています。このため，10点目として，⑩色覚の感度が低下していることがあるという点も加えて，弱視児の見え方を考えるのがよいでしょう。

　これらのなかで，①に関しては，弱視児の低視力によって説明できる面も大きいと考えられます。岡田（1972）は，文字認知の誤りについて，「は」と「ほ」，「る」と「ろ」，「め」と「あ」，「お」と「あ」の誤りが多いことを指摘していますし，徳田（1988）は弱視児の漢字の書き誤りについて詳細に検討し，点画の誤り，つき抜けに関する誤り，相貌的な誤りが晴眼児と比較してかなり頻繁に出現することを明らかにしています。

4．触知覚の特徴

　視覚障害児者が指先で点字を読む場面を見て「盲人の指先の感覚は鋭い」といわれることが多くありますが，実際はどうでしょうか。触覚の精度を示す指標として同時性触覚2点弁別閾があります。これは，皮膚表面の2点を同時に刺激し，2点として弁別できる最小の距離をもって表します。この触覚2点弁別閾について，黒川（1988）は次のように整理しています。

　　①身体各部位による代表的な閾値は，舌の先端で1.1mm，指先で2.2mm，背中で60～100mmである。
　　②盲人と視覚障害者の2点弁別閾の比較研究からは，晴眼者の平均が2.2mmであったのに対して，盲人のほとんどは1.4mm以下であった。
　　③ただし，②の状況において盲人が実験の際に指を小刻みに動かしていることが観察され，盲人の手の動きを制止すると晴眼者との閾値の差はなくなった。

以上からも，視覚障害者の感覚が鋭いのではなく，保有する感覚の活かし方が上手であるといってよいでしょう。

5. 視覚障害児の継時的認知状況について

　先に示した弱視児の見え方の特徴の②や③は、視野の障害が影響していることもありますし、弱視児がわずか2〜3cmまで目を近づけて対象を視認しようとしているいわゆる「目で触る」と表現されるような視認知状況も強く影響していると考えられます。同様に、盲児の触知覚でも同じような特徴が生じます。図2-1に示すような蜂の巣状の図形を視覚障害児がどのように再生するのかが検討されています（小柳ら、1983）。

　この結果から視覚障害児の継時的な認知状況が明確になると考えられます。晴眼児、弱視児、盲児ともに学年が進むにつれて、パターン認識の発達が顕著にみられます。具体的には、断片的分節化によるパターン認識（I, II型：図形の一部分を捉えた模写の仕方）から、統合的分節化によるパターン認識（IV, V型：図形を全体的に捉えた完全な形での模写の仕方）へと発達していきます。同じ学年で比べると、断片的分節化によるパターン認識の出現率は、晴眼児より弱視児のほうが、弱視児よりも盲児のほうが高く、また弱視児のなかでも軽度弱視（視力0.1以上0.3未満）より強度弱視（視力0.02以上

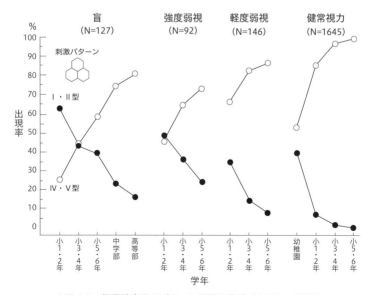

▲図2-1　視覚障害児のパターン認識の発達（小柳ら、1983）

0.1未満）のほうが高いことがわかります。

さらにパターン認識の発達には，晴眼児，軽度弱視児，強度弱視児，盲児の間でそれぞれ1～2年のずれがあることが明らかになりました。このような断片的文節化によるパターン認識は触運動的知覚や，いわゆる「小穴実験」や「スリット実験」といわれる部分的・継時的な状況下でも生じることが報告されています。さらに，晴眼幼児であっても同様のパターン認識が生じる（望月，1976）ことから，全体的・同時的な認知が可能であっても情報処理能力がまだ低い場合は，断片的な情報処理様式が現れやすいといえるでしょう。

6. 障害物知覚

盲人が，前方の対象物の存在を認識できることは，古くから知られており，障害物知覚とよばれています。これは，盲人の歩行や空間認知を考えるための基本となるため，このことについて体系的に探求したコーネル大学の研究を概観します。

スパら（Supa et al., 1944）の実験は，7つの実験で構成されており，第3実験までは予備実験として位置づけられていました。被験者は，盲人2名，目隠しをした晴眼者2名であり，障害物に向かっていろいろな距離から歩き，障害物に最初に気づいたところで手をあげることと，これ以上進むと障害物にぶつかるというところで止まるよう指示されています。また，各実験では，木の床上を靴を履いて歩く条件と絨毯の上を靴下で歩く条件が設定されています。

実験1では，障害物としての壁の手前6，12，24，36フィートをスタート地点とし，実験2では，スタート地点を固定として，障害物は可動式のメゾナイト板を用い，それ以外の条件は実験1と同じ，実験3では，スタート地点を変化させること，障害物のない条件も取り入れること，絨毯の厚さを2倍にすること以外は，実験2と同じでした。これらの予備実験の結果から，盲人は実験当初から障害物知覚を有し，晴眼被験者も試行を繰り返すうちに障害物知覚を有するようになること，障害物知覚は聴覚を手がかりとしている可能性が高くなったことが示されました。

実験4は，空気の流れや空気の波の反射による圧迫感が障害物知覚の基礎となっているかどうかを検討したものです。被験者の体表を

ベールや帽子，手袋で覆い実験 3 と同じ手順で行いましたが，すべての被験者が障害物を発見することができました。実験 5 では，皮膚面を開放し，大きな叫び声や音であれば聞こえる程度の耳栓を用いて実験 3 と同じ手順で行われましたが，どの被験者も障害物を発見することはできませんでした。実験 6 では，皮膚面を開放し，ヘッドホンにより 1,000Hz の純音を連続して聞かせながらの実験で，障害物を発見することはできませんでした。実験 7 では，空気の波の反射による圧迫感を完全に取り除くために，被験者は別室の防音室で椅子に座った状態でヘッドホンから実験室内の音を聞くことによって障害物の発見が求められました。その結果，全員が障害物の発見に成功しています。以上の実験の結果から，障害物知覚は聴覚的な手がかりが中心的な役割を果たしていることが明らかになりました。

3 節　視覚障害心理学が役立つ仕事

　視覚障害心理学を学んだことは，どのような仕事にも役立つと考えています。「平成 23 年生活のしづらさなどに関する調査（全国在宅障害児・者等実態調査）」によると視覚障害の身体障害者手帳所持者数は 315,500 人と推計されています。これらの方々にかかわるすべての職種において，視覚障害心理学の学びは活かされることと期待しています。

　また，特別支援学校（視覚障害；「盲学校」），弱視特別支援学級，そして，日本型インクルーシブ教育システムが展開されている現在は通常の幼稚園，小学校，中学校，高等学校さらに大学においても視覚障害の人が学んでいますので，これらの学校の教職員や盲学校の寄宿舎指導員には視覚障害心理学の知識が役立ちます。また，視覚障害にかかわる医療・労働・福祉関係の仕事もあります。視覚障害者の日常生活訓練や歩行訓練などを実施する視力障害者センターや視力障害者福祉センター，その他，盲児施設や点字図書館，市役所の福祉課の担当者にも当然のこと，視覚障害心理学は必要な知識となるのではないでしょうか。

現場の声 1　学校心理士／盲学校教諭

特別支援学校（視覚障害；「盲学校」）で勤務した私の経験に基づいて，学校心理士としての立場もふまえながら，以下いくつか紹介します。

● 盲学校教諭とは

盲学校は全国でわずか 67 校と他の特別支援学校種と比較してもその数は少なく，県下 1 校もめずらしくありません。学部は幼稚部から高等部（普通科・専攻科）まであり，高等部専攻科を除く教諭は，特別支援学校間で人事異動が行われます。また地域の視覚障害センターとして，在籍の幼児・児童・生徒ら以外を対象にした教育相談も実施しており，0 歳児〜2 歳児の未就園児を対象とした親子相談（超早期指導教室）から高齢の中途失明者の生活訓練まで，幅広い年齢層に対応しています。教諭は，視覚障害に特化した「個のニーズに応じた教育」を実践する役割を果たします。

● 学校心理士とは

学校心理学では，心理学の知見とその実践性を活かし，子どもの成長を促進する学校生活の質（quality of school life）について検討し，学校教育上の諸問題の解決に結びつけることが重要です。学校心理士は，この実践の認定資格で，複数の援助者や学校組織で提供される 3 種類の援助チームのもと，個のニーズに応じて 3 段階の援助を行います。これは，学校という組織において一人ひとりが自身の実践の向上を検討していくうえで，重要な役割をもつことが考えられます。

● 盲学校での授業実践：幼稚部「あそび」の一事例

視覚障害は情報の取り込みに大きく影響するため，情報障害ともいわれます。しかし，視覚によって知ることが困難でも，他の感覚や保有視力（五感）を活用して多くのものを認識できます。特に，さまざまな"初め

心理教育的援助サービスのシステム

3段階の心理教育的援助サービス

　授業風景　房が開くと「わぁ」　　　　　授業風景　落とすと「ペチャ」と汁がはねる

て"を経験することの多い幼児期は，五感をフルに活用しながら周囲の環境に気づき，興味をもち，自ら環境にかかわろうとする力を育む時期です。
　幼稚部「あそび」では，「食材あそび」を通年で行い，季節の食材の原型に触れる機会を多く設けました。たとえば甘夏では，「丸くて転がる」（形），「黄色の中は白。むくとまた黄色」（色），「外は固くて中は軟らかい」（質），「すっぱい」（味覚）など，さまざまな属性を感じ取ります。盲学校といってもいろいろな状態の子どもがいます。食材に触れた後にお絵かきをしながら視覚的イメージを楽しむ弱視の子どもや，甘夏の香りや汁の状態を感じながら，可動域の範囲で腕や手指を使って甘夏を転がし，机上から落ちた時の属性ごとの音の違いを感じ，笑顔で繰り返し楽しむ重い身体障害を重複した全盲の子どももいます。発達や障害の状態によりその捉え方はさまざまですが，どの子どもも，時間の許す限り自らの遊びに夢中でした。
　授業を展開するうえでは，教員が子どもの援助チームとしてそれぞれが役割を自覚しながら機能を果たしていくことも大切です。たとえば障害の重いある子どもに対する支援の留意点は，議論をして次のように決定しました。①新しい素材を取り入れるときは１つにする。②触覚過敏があるので手をつかんで無理に誘導しない。③取り扱う素材は２週間以上継続する。④素材ごとにテーマソングを設け，それを目印に活動を予測できるようにする。⑤導入期はテーマソングにのせて素材を用いたくすぐり遊びを行う。このように授業に携わる教員の意識を統一する一方で，学部研修で担任どうしが事例検討を行うなどチームの規模を変えながらあらゆる観点からその子どもに向き合う機会を設けて，授業実践を充実させていきました。

● これからの盲学校教諭
　盲教育のうち，とりわけ幼少期には「生々しい体験」が必要といいます。五感をフル活用した体験の蓄積が，自身の情報の取り込みを豊かにしてくれます。昨今，弱視児と学習障害児の現象面での類似点の多さが指摘されています。これからの盲学校教諭は，多様化した障害も対象とする新たな盲教育の担い手となることでしょう。

当事者団体スタッフ
ピアサポートによるアルビノの子育て支援活動

　私は大学で健康心理学，大学院で視覚障害心理学を学びました。今は大学教員として特別支援学校の教員を養成する仕事に携わるかたわら，日本アルビニズムネットワーク（アルビノの当事者団体）で子育て支援活動に取り組んでいます。

　アルビノは，身体の中でメラニン色素をつくれない，あるいは，わずかにしかつくれない常染色体劣性遺伝の疾患です。眼だけに症状がみられる眼白子症と，眼・全身の皮膚・毛髪にも症状がみられる眼皮膚白子症などに分けられ，私自身は後者の当事者です。アルビノの症状には，めだちやすい外見（毛髪の色は白や金，肌の色は白，眼の色は青や灰），日焼けしやすい皮膚，見えにくい眼（低視力，羞明，水平性の眼振）があります。アルビノの子どもは弱視教育の対象ですが，弱視児のなかでは視力が高く，外見がめだちすぎるために周囲の意識が視覚障害に向けられず，支援が遅れる場合もあります。また，アルビノは2万人に1人の割合でしか生まれないため，同じ境遇の当事者家族に出会うことやアルビノについて説明が可能な専門家に出会うことも難しい状況です。このため，当事者団体には「この子をどうやって育てたらよいか」と悩みながら，だれにも相談できずにいる保護者の声が多く寄せられます。私は当事者団体でアルビノの子どもやその保護者が出会える交流会，子育て講演会，インターネットを利用した個別の子育て相談会の運営を担当しています。ここでは，講演会を例に，私がどのように心理学を活かしているのかを紹介します。

　講演会は毎回私がテーマを決定し，例年3月に実施しています。2016年は保護者の要望を受けて遮光眼鏡についての講演をレンズメーカーの担当者に頼みました。講演では，講師がまぶしさの原因は波長の短い光（紫や青）であることを説明したうえで，保護者に市販のサングラスと遮光眼鏡の効果の違いを比べてもらいました。ブルーライトを同じ茶色のレンズに通すと，市販のサングラスからは青色の光が見えるのに対し，波長の短い光をカットできる遮光眼鏡からは黄緑色の光が見えるのを体験すると，「これまで100円ショップのサングラスを使わせていたのでまぶしかったと思います。遮光眼鏡を買います」という保護者の声が聞こえました。

　この講演会には，家族（12組）と個人（7名）で合計38名（そのうち，アルビノの子どもとそのきょうだい児が9名）の参加があり，会のあとに，保護者と子どもが一緒に参加する懇親会も設定しました。私はそこで保護者からの相談に対応します。一番多いのは「なぜ白いの？　とまわりに言われて子どもが悩んでいます」という相談です。まだ小さい子ども

にとって障害という概念は難しいため，私は「物語をプレゼントしてあげてください」と伝え，「世の中の子どもが何色ものクレヨンを持って生まれてくるなかで，たまたまアルビノの子どもは黒色のクレヨンを天国に忘れてきてしまった」というある保護者がつくった物語を紹介します。保護者からは「これはわかりやすい。自分でも考えてみます」とお返事をいただくこともあります。

	自分にわかっている	自分にわかっていない
他人にわかっている	I 開放の窓 「公開された自己」 (open self)	II 盲点の窓 「自分は気がついていないものの，他人からはみられている自己」 (blind self)
他人にわかっていない	III 秘密の窓 「隠された自己」 (hidden self)	IV 未知の窓 「誰からもまだ知られていない自己」 (unknown self)

ジョハリの窓

　心理学では，自分のことを言葉で伝える行動は自己開示とよばれ，対人関係の構築に有効とされています。なかでも障害についての開示（障害開示）は，障害児が周囲からの理解や支援を得るのに不可欠です。アルビノはその外見が早期から問題になるので，上記のように物語を活用して周囲の子どもと共通理解できるよう支援することが大切です。これは「ジョハリの窓」を用いて説明すると，外見が違う理由を本人も周囲もわからない状態（未知の窓）から互いにわかる状態（解放の窓）にさせ，関係も良好にさせるという支援方略です。このように，私は学んだ知識を当事者団体の支援活動に役立てています。

　初めて生まれてきた子どもがアルビノであった場合，その保護者の驚きや戸惑いは計り知れません。当事者団体はそうした家族の支えになることが大切で，そのためには，心理学的な理論を学び，実践を継続することが必要です。私は「アルビノの子どもたちが安心して育つ社会をつくる」という想いと覚悟をもってこの活動を続けています。そんな私にいつも元気を与えてくれるのは，子どもや保護者の存在です。講演会に参加された保護者がくださる感想もそのひとつです。以下にその一例を紹介します。

　「講演会で当事者の方々や親御さんたちとお話しさせていただいたことは，本やインターネットからでは得られない体験となりました。当事者でない親にとっては，どれほど本を読んでも，医師に話を聞いたとしても，やはり想像の域を出ず限界があると痛感しました。私たちに一番不足しているのは，子どもの将来像や選択肢なのだと改めて気づかされました。子どもが生まれたこの年に，このような会が存在しているのは本当に幸運なことです」。（アルビノの当事者団体の活動については，日本アルビニズムネットワーク http://www.albinism.jp を参照ください）

第3章

聴覚障害の心理とその支援

活かせる分野

1節　聴覚障害とは

　人は，聴覚系あるいは聴覚器官とよばれる身体の感覚器官を通して，音を感知することができます。聴覚障害 (hearing impairments) は，このような聴覚系に何らかの障害が起こり，それが原因となって，聞こえの働きが低下している状態をいいます。したがって，聴覚障害者（person with hearing impairments）は，聴覚系に何らかの障害のある人です（鄭，2008）。

1. 聴覚障害の分類

　実際に，聴覚障害は，聴覚障害の原因や程度，聴覚障害者の文化的立場やアイデンティティなどの多様な視点から，定義され分類されています。

　上述の聴覚障害は，聞こえの程度にかかわらず，聴覚に障害のあるすべての状態を含む包括的な用語です。聾や難聴も，聴覚障害と同様に，聴覚に障害のある状態をさす言葉として使われています。他方，聾は，聴者とは異なる固有の文化とアイデンティティを有する聴覚障害の社会文化的立場を意味する言葉としても使われています。また，聾（deaf）と難聴（hard of hearing）は，聾は音情報の活用がほとんどできない程度の聴覚障害を，難聴は音情報の活用が少しでも可能

な程度の聴覚障害を表す言葉として分けて使われる場合もあります。

ほかに,生後の本人の感染や外傷などによる後天性(acquired)難聴と出産前の遺伝子や胎児期に聴覚の障害が出現した先天性(congenital)難聴といった分類や,おおむね2歳頃の言語獲得の時期を境とした言語獲得前(prelingual)と言語獲得後(postlingual)といった分類もあります。また,音声言語習得後や青年期以後の時期に,遺伝的要因を除く事故や病気などにより聴力を失った場合は,一般に中途失聴といいます(鄭,2007)。

2. 聴覚障害児者のコミュニケーション

聴覚障害児者の用いるコミュニケーション手段には,音声,手話,指文字,キュードスピーチ,筆談などさまざまなものがあります。その用い方にも,残存聴力を活用し音声言語を主に使用する口話法や,手話,指文字,そのほかの顔の表情や身体の動きなどの手指言語を主に使用する手話法のほかに,話し手に合わせて,これらのさまざまなコミュニケーション手段の1つあるいは複数の組み合わせによる活用を考えるトータルコミュニケーションの考え方に基づいた使用方法などがあります。どの方法が効果的かは,個人の状況や考えにより異なります。米国のギャロデット大学研究所の調査(GRI, 2011)では,幼児から大学生までの37,828人の聴覚障害児者の主なコミュニケーション手段を調べた結果,音声言語のみ(53.0%),手話のみ(27.3%),手話に音声言語(12.1%),音声言語にキュードスピーチ(5.0%),その他(2.5%)といった活用状況が報告されています。このように聴覚障害は,人口学的にはマイノリティ集団ともいえますが,個々人の特徴や抱えている問題は一律ではなく,同質の集団として論じることが困難なほど,多様性に富む存在です。なお,以下では,先天性聴覚障害の心理的特性を中心に論じます。

2節 聴覚障害の心理特性

1. 聴覚障害と発達との関連

聴覚障害は,聴覚の障害のゆえに,程度の差はあるものの,コミュニケーションに何らかの支障を来すことになり,このようなコミュニ

ケーション環境が改善されなければ,その後の発達の諸側面に否定的影響を及ぼすことになります。乳幼児期に限定したデータではありますが,聴覚障害の親のもとに生まれた聴覚障害児も,聞こえる親のもとに生まれた聴覚障害児も,親と乳児期から円滑なコミュニケーションに基づく相互作用を行うことができれば,発達上の問題はほとんどみられないことが示唆されています(Marschark & Hauser, 2012)。このように,聴覚障害児者にみられる言語,認知,社会性などの遅れの問題は,聴覚の障害そのものに起因するものではなく,十分なコミュニケーションがとれない環境により引き起こされる問題であることがいえます。一般に,人の発達は遺伝的要因と環境的要因の相互作用により成し遂げられるとされますが,聴覚障害児者の発達には,遺伝と環境の要因に,聴力の程度,障害の発生を考慮する必要があります(Meadow, 1980)。

2. 聴覚障害と認知と言語発達

言語は,使われる場面により,対人場面で使われる音声言語あるいは手話言語と,場面を特定しない文字言語に分けることができます。言語は,学習,社会性,認知の発達を支える重要な要素です。特に言語と認知の関係は,言語または認知が認知または言語を発達させる相互作用関係にあるといえます。

先天性重度の聴覚障害幼児における初期の音声言語発達は,初期の喃語期までは聞こえる幼児(聴幼児)と同様の発達を示します。しかし,聴覚障害幼児は,生後4〜6か月頃から,自分や家族の声による音の強化や他人の音声や口型を模倣ができず,この時期から聴幼児とは異なる音声言語発達の過程をたどることになります。

また,聴覚障害幼児の手話の発達は,手話喃語や手話始語の出現時期,その後の手話の1語文,2語文,3語文期などの発達時期や過程が音声言語の発達時期や傾向と近似していることが示唆されています(Pettito, 1988)。

マイクルバスト(Myklebust, 1964)は,すべての言語活動の基盤は経験から形成されるものであり,有意味な経験は言語的象徴の獲得に先行して視覚的表象を形成し,後に言語的象徴は視覚的表象と結びつき内言化されるとともに,しだいに,聞く,話す,読む,書くとい

う諸言語活動に発展すると論じています。また，フェルプスら (Phelps et al., 1983) は，言語発達を，聞く，話す，読む，書くといった言語スキルの獲得過程であり，これらの言語スキルが相互補完的かつ循環的に相互作用し発展していく過程と考えています。これらの見解にみられるように，言語発達においては，発達初期のさまざまな経験とその後の諸言語活動の相互補完的かつ相互作用的働きがとても重要です。特に，聞く，話すといった音声言語の発達に制約のある聴覚障害児の言語発達には，読む，書くといった文字言語が言語発達全般を支える重要な活動になります。

しかしながら，一般に，聴覚障害児の文字言語発達における，語彙の発達は，聴児に比べて，難聴児は2年程度，聾児は5年程度遅れること，名詞や動詞のような比較的具体的単語の獲得は容易であるが，形容詞や副詞のような抽象的語彙の獲得は難しく，助詞，文法，文章理解に困難を示すことが指摘されています。読みでは，語彙・文法・比喩表現・文脈に沿った理解などが困難であり，読書力が大人になっても小学校4年生のレベルにとどまる傾向が指摘されています。作文では，具体的単語や手話単語の使用頻度が高く，類似句を繰り返し用いる傾向があり，単文の使用頻度が高く，叙述が自己中心的で不明確であり，行動の結果のみを羅列し，背景や感情の描写や説明が不十分であることが指摘されています（鄭，2007）。

3．聴覚障害と知的能力

聴覚障害児者の知的能力は，その時代の社会的認識を反映しながら評価され，歴史的には次の4つの見方が示されています（Moores, 1987; Marschark & Spencer, 2011）。

まず，聴覚障害児者の心理的研究が始まった1910年代には，音声言語をもたないあるいはその受容に制約のある聴覚障害児者の知的能力は，同年齢の聴児者に比べて，明らかに劣るとみなされていました。次に，1960年代半ばからは，聴覚障害者の動作性知能検査の結果を詳細に検討し，聴覚障害児者の知的能力は，量的には聴児者と同じであるが質的に異なるとし，聴覚障害児者の知的構造は具体的であり，抽象的ではないとの見方が形成されました。その後，1960年代後半からは，聴覚障害児者の知的能力は聴児者と同様であり，認知課

題において聴覚障害児者の成績が低いのは，言語的，文化的，教育的経験の制約がもたらす結果であるといった見方が示されました。最近は，聴覚障害児者と聴児者との差は，聴覚障害によるものではなく，使用するコミュニケーションに関する知識や方略の影響を受ける認知課題への処理方略の違いによるものであるといった見方や，聴児者に比べて，個人差が大きく，聴児者との発達背景が根本的に異なるなどの見解も示されています（Sisco & Anderson, 1980; Marschark & Spencer, 2011）。現在は，WISCなどによる動作性知能検査の結果から，聴覚障害そのものが知能に直接影響を与えることはないことが確認されています（Marschark et al., 2002）。

4．聴覚障害と学業成績

聴覚障害児者は，基本的な知的能力に問題がないにもかかわらず，国語や算数など全般的に教科成績は低い傾向にあります。教科学習の評価は，読み書きといった言語スキルの影響が強く，その評価は，各教科の知識の内容より，むしろ国語能力の評価になってしまう恐れもあります。

一般に，聴覚障害児の学力は，同年の聴児に比べて，1～3年遅れていることや，「9歳レベルの壁（峠）」といわれているように，平均17～18歳の聴覚障害者の読解力が，平均8～9歳の聴児と同様のレベルであることも報告されています（齋藤，1999）。このような聴児者との差は，使用言語，言語力，年齢，学年，特別な教育的支援などの要因から検討されています。

5．聴覚障害と記憶

記憶は，必要な情報を貯蔵あるいは保持し，必要な時に情報を検索する過程です。このような記憶は，学校での学習活動や，日常生活での課題を遂行するために欠かせない認知活動です。

従来の聴覚障害児者に関する記憶の研究は，聴児者に比べて記憶スキルや記憶成績がどのように逸脱されているかを調べる研究が主流でしたが，最近は，聴覚障害児者は聴児者とは異なる情報処理過程を有するとみなし，聴覚障害児者特有の記憶方略を調べる研究がみられています。

たとえば，聴児者の場合は，一般に音声的符号や内言を用いて保持あるいは検索を行う一方，聴覚障害児者は，音声的符号，手話による符号，視覚的符号，これらの符号の組み合わせによる多重符号といったより多様な内的シンボルを用いることが示唆されています（Paul & Jackson, 1993）。また，聴児者の場合，短期記憶から情報の忘却を防いだり，情報を長期記憶に移すために，その情報を繰り返し唱える音韻的リハーサルを用いることが多いのですが，聴覚障害児者のなかには，音韻的リハーサルより視覚的リハーサルを多く用いる人がいることも示されています（Marschark & Hauser, 2012）。このように，聴覚障害児者は，記憶の符号化やリハーサルの方略において，聴児者と異なることが近年示されています。

6．聴覚障害と社会性

　社会性は，個人のパーソナリティの社会的側面として，乳幼児期からの環境との相互作用のなかで形成されます。

　聴覚障害児者の社会性については，言語力の弱さが社会性の形成に否定的影響を及ぼすことから，その逸脱や遅れを示唆する知見（Greenburg & Kusche, 1989; Marschark, 1997）と，聴覚障害児者の社会性は聴児者のそれに劣らないといった正反対の結果を指摘する知見（Meadow & Dyssegaard, 1983a; 1983b）が示されています。このような不一致の背景には，聴覚障害児者の有する言語力の問題があり，この要因が社会性の発達に強くかかわっていることが推察されます。一方，聴覚障害のある両親をもつ聴覚障害児は，聴者の両親をもつ聴覚障害児の社会適応力に劣らないことも報告されています（Marschark & Hauser, 2012）。しかしながら，聴覚障害児者はおかれている環境によっても，異なる社会性を形成する可能性もあります。聴覚障害児にとって，通常学校での教育は，多文化的文脈を形成する場として，一般に特別支援学校（聴覚障害）に比べて，社会性の発達にはよりよい環境であること，また，就学前教育において手話を用いる聴覚障害幼児は，口話を用いる聴覚障害幼児に比べて，攻撃性が低く，社会的遊び行動の質が高いことも報告されています（Calderson & Greenberg, 2011）。一方，通常学校の教育は，特別支援学校に比べて，豊かな学習機会は提供できるものの，孤独感や疎外感のよう

な社会的に否定的な感情や経験を強いることも示唆されています(Marschark & Hauser, 2012)。

7. 聴覚障害児者と聴児者の発達上の違い

　以上のように，聴覚障害児者の発達的特性は，聴児者とは違った様式で，経験，言語，学習が発達し，異なる発達的背景を有することが考えられます。聴覚障害は，聴覚的言語へのアクセスの制約，聴覚的経験とその経験の連鎖の制限，学習方略の違いを生じさせ，結果的に，聴覚障害児者は，視覚的言語へアクセスする傾向を強めたり，偶然学習が少ないゆえに意図的学習を多く取り入れる学習が必要になったり，視覚に依存する認知処理方略が多くなったりする発達的背景を有するようになります。このように，聴覚障害児者の心理的・発達的問題を考える際は，こういった聴覚障害児者特有の発達的背景を理解することが大事です。

3節　聴覚障害心理学が役立つ仕事

　聴覚障害に関連する仕事としては，聴覚障害学を専門とする大学教員，特別支援学校（聴覚障害）教諭，難聴学級教諭，言語聴覚士，社会福祉専門職（社会福祉士・精神保健福祉士・ソーシャルワーカー・ろうあ者相談員・聴覚障害関連福祉施設の職員），手話通訳者，臨床心理士，福祉心理士などが考えられます。聴覚障害心理学は，これらの仕事に携わる人に，聴覚障害児者を理解し支えるための重要な知識とスキルを提供します。

現場の声 3

聾学校教諭

　特別支援学校は，障害のある幼児児童生徒に対して，幼稚園，小学校，中学校，高等学校に準ずる教育と，障害による学習上や生活上の困難を克服し，自立を図るために必要な知識や技能を身につける教育（自立活動）を行っている学校です。特別支援学校のなかで，聴覚に障害のある幼児児童生徒の教育を行っている特別支援学校（聾学校ともよばれる）は，0～2歳児の教育相談，3～5歳児の幼稚部，小学部，中学部，高等部で構成されています。また高等部には，高等部卒業後の継続教育の一環として，職業教育（産業工芸や理容など）を中心とした専攻科が設置されている学校もあります。聾学校の教育相談や幼稚部では，聴覚や視覚的手段などを活用して，豊かな人間関係やコミュニケーションを基盤とした全人的な発達を目指す教育が行われています。小学部や中学部では，通常の小学校や中学校に準ずる教科指導による基礎学力の定着とともに，児童生徒の発達段階に応じたコミュニケーション手段による言語能力の向上や個々の課題の軽減や障害認識などが図られています。高等部では，卒業後の進路に応じた教科指導や進路指導が，また専攻科では，多様な職業学科のなかで生徒の適性や希望に応じた支援や，今後の社会的・職業的自立のための指導が行われています。

　聴覚障害教育では，聴覚障害によりもたらされる幼児児童生徒の状態が多様であるため，その教育においては，一般的な教育や指導法に関する知識やスキルはもちろんのこと，聴覚や聴覚障害にかかわる生理学，聴覚補償のための補聴器や人工内耳についての工学，日本語や手話に関する言語学などの理解や知識が求められます。このように聴覚障害教育には，さまざまな専門的知識が必要となりますが，少なくともこれまでの経験では，

高等部生徒による授業での発表の様子

特に，心理学的な知識やスキルの習得が必要であると感じています。

　たとえば，幼児児童生徒の言語発達や言語指導については，聴覚の障害が先天性で，かつ聴力の損失の程度が重度である場合には，日本語の話し言葉や読み書きの発達，そして学力などに大きく影響します。そのため，聴力検査などにより幼児児童生徒の聞こえの状態を的確に把握し，補聴器などによる聴覚の活用や，身ぶりや手話などの視覚的な手段も用いて，身近な人と円滑なコミュニケーションが行われるよう言語指導を行っています。その際，授業場面での行動観察を基本としながら，必要に応じて，発達や言語にかかわる検査を用いたアセスメントが必要になります。また，聴覚に障害のある幼児児童生徒のコミュニケーションや言語発達にみられる特徴的な傾向，その支援や指導法の知識はもちろんのこと，言語指導では聴児の一般的な言語発達を理解しておくこともきわめて大切です。このように，コミュニケーションや言語指導のためには，特に，心理学的知識が必須です。

　また，幼児児童生徒の社会性や，障害の認識や理解については，聴覚により取得できる情報が不確かであったり，不十分であったりするために，幼児児童生徒のコミュニケーションや人間関係における社会性の問題や障害にかかわる心理的な課題などが指摘される場合もあります。これについては，幼児児童生徒が周囲の情報や状況に意識を向けられるように働きかけ，年齢や発達段階に応じて，言葉の表面には表れない意味やその場（状況）にふさわしい言動をとることができるような支援や指導などを行います。また，自立活動の時間を活用し，自分の障害についての理解や社会的自立に向けての意欲や自信をもつことができるような支援や指導も必要となります。このような社会性や障害の認識や理解に関しては，必要に応じて，質問紙調査や面接法などを用いたアセスメントと評価などの教育心理学的アプローチも行います。

　ただし，注意しなくてはならないことは，授業場面での行動観察や，質問紙調査や面接法などの諸検査の実施により得られた資料は，幼児児童生徒の実態のすべてではなく，実態の一部を反映する参考指標であることを認識することです。したがって，その評価や解釈は，幼児児童生徒の日常的な実態と重ね合わせたうえで行い，支援や指導に活かすことが大切です。

　聴覚障害教育の場での実践は，幼児児童生徒のコミュニケーション手段や障害の状態が多様であることから，支援や指導がうまくいかなかったり，失敗したりすることもあります。しかし，聾学校教諭は，心理学的な知識やスキルを活用し，幼児児童生徒の実態に応じた実践を積み重ねていくことで，着実に，幼児児童生徒の変化や発達，成長を実感できるやり甲斐のある仕事だと感じています。

手話通訳者

● 手話通訳の仕事について

　聴覚障害者とかかわりのある仕事として，思い浮かぶ職種は何ですか。「手話通訳」はそのなかにありますか？　私は現在，手話通訳者の資格をもち仕事をしています。手話通訳の資格には，手話通訳士と手話通訳者があります。手話通訳士は厚生労働省が認定する「手話通訳技能認定試験」に合格し，聴力障害者情報文化センターに登録をした手話通訳者のことです。また都道府県が認定した試験に合格した人は手話通訳者といいます。

　ところで，あなたが手話通訳者を見るのはどのような場面ですか。講演会で話し手の隣に立っていたり，テレビ画面の下にある枠内などの場面が多いと思います。実は手話通訳場面はそれ以外にも多くあります。教育や医療，労働関係や政治に関する場面，また裁判などの司法場面，県・市町村行政での場面，地域の行事，生活に関することなどあらゆる場面です。またそこでの通訳対象者は個人・団体とさまざまです。

　では具体的な内容を紹介しましょう。教育場面では，聴覚障害児が通う聾学校（県によって名称は異なります）で，入学式や卒業式などの行事の時があります。たとえば，入学式で来賓祝辞のとき，話し手の日本語の音声を聞いて手話に換えて表出します。来賓が聴覚障害者の場合，話し手の手話を読み取り，日本語の音声に換えて表出します。また保護者が聴覚障害者で子どもが聞こえる場合，その子どもが通う学校行事，懇談会，三者懇談で通訳をします。医療場面では，病院の受診時に医師とのやりとりを通訳します。時には，がんの告知がなされたり，目の前で亡くなられることもあります。労働関係では，職場での会議や研修時に通訳します。また，就職時の面接もあります。裁判では，聴覚障害者が被害者の場合と，逆に加害者の場合があります。裁判に入る前の，取り調べなどにも通訳を行います。このとき質問の内容や言葉はとても複雑です。また，たとえば地域のなかで，聴覚障害者が自治会役員になると，会議での通訳が必要です。

　上述した内容はほんの一部です。このように手話通訳者が必要とされる場面はさまざまです。それは聴覚障害者が私たちと同じ社会に住んでいるからです。手話通訳者はその一つひとつの場面で，通訳対象者がきちんと情報を得て理解し判断し，自己決定できるかを担う仕事，人と人をつなぐ仕事だと思っています。

● 手話通訳と心理学とのかかわり

　手話通訳の仕事内容を読み気づいた人もいるでしょう。講演会・テレビ場面では話し手の言葉を聞いて手話を表出します。手話通訳者が音声を発することはありません。その他の場面は，聴覚障害者と手話のわからない聞こえる人（聴者）が同席をしています。この場合，手話通訳者は両者の間に入り，音声で聞こえたことを手話で聴覚障害者に伝え，逆に聴覚障害者の手話を読み取り，音声に換えて伝えます。しかも手話通訳者と聴覚障害者との1対1ではなく，聴者と聴覚障害者が対象者です。手話通訳にかかわるほとんどの場面で，対象者は2人以上になります。双方で生じる心理は常に一定ではありません。怒りの感情や喜びの感情がわいたりすることもあります。それが両方から生じうるのです。それらの状況を冷静につかみ，中立に通訳をしていくことを考えると，心理学などの専門知識を活かした視点がとても必要です。聴覚障害者は聞こえないために情報が入らない，入りにくい情報障害者といわれます。知らないのではなく知る機会がなかったのです。聞こえないとはどのようなものか，さらには聴覚障害者の背景をつかむことが大切です。

　通訳場面で手話通訳者が勝手に自分の意見を伝えたり，質問に答えることはほとんどありません。それが手話通訳者です。

● 手話通訳者の課題

　現在，手話通訳者にはどのような課題があるのでしょうか。

　まず，手話通訳者が職業として成り立つのか，少し疑問に思う部分があります。現在手話通訳者には，設置通訳と登録通訳がいます。設置通訳は県，市町村等の行政で職員として仕事をしています。その場合，ほとんどが非常勤職員です。登録通訳は手話通訳者が必要な場面が生じるごとに，日時・場所・内容などの確認と依頼があり，通訳をします。どちらの場合も身分保障の問題があります。

　また，通訳行為は同じですが，設置通訳者と登録通訳者ではかかわり方に違いがあります。設置通訳者はその地域では，聴覚障害者の生活に継続的にかかわることができます。対象となる聴覚障害者がその人らしい生活をするために，他の専門職と一緒になり支援していきます。通訳場面で手話通訳者が自分の意見を伝えたり，質問に答えることはないと述べましたが，支援の場面では，手話通訳者の立場からの意見が求められます。一方，登録通訳者は，ほとんどが単発の通訳です。したがって，どのようにかかわれるのかが課題になっています。

　これらの課題はあるものの，人にかかわる魅力ある仕事だと私は感じています。

第4章
音声・言語障害の心理とその支援

活かせる分野

1節　音声・言語障害とは
1. 音声・言語障害に含まれるさまざまな障害

　音声・言語障害というと，実際には非常に広範囲の領域にまたがる障害を示します。そもそも人間が声を出すためには，まず呼吸をして，肺に空気を送りこむことが必要です。その空気が気道を上昇し，喉頭で声となります。さらに日本語の場合，各母音・子音として一つひとつの音をつくるためには，口の中（口腔）で歯や歯茎，舌，口蓋（こうがい）などの器官を正常に動かすことのできる能力が必要です。口腔内で各器官の構えによりさまざまな形の空間がつくられ，上下の口唇をすばやく離す動作をしたり，歯をすりあわせてその隙間から息を出すなどの運動により，最終的には空気中に音声が表出されます。このように紙面に記すと，ある一定の時間の流れがあるように感じられますが，私たちはこの一連の動作を一瞬のうちに行っています。さらに，その前には，自分の考えなどの言いたいことを頭で考える段階があり，それを文に置き換え，文に含まれる単語に置き換え，最終的には語を構成する音に置き換えます。この一連の流れについても，一定の順序で行われるというよりは，ほぼ一瞬に同時的に行われることがわかっています。このように考えると，非常に難易度の高い，高次レベルの活動を私たちは無意識のうちに，自動的にやってのけているともいえま

す。そして，この流れの一部に何らかの支障をきたしている場合を，音声・言語障害とよんでいます。

　広義に考えると，上記の声を出して話をする活動に加え，食べること・飲み込むことに支障がある場合の「摂食・嚥下障害」も音声・言語障害に含まれます。食べることと話すことを同じ障害として捉えることに疑問をもたれる方もいらっしゃると思いますが，この２つのことは，同じ器官を用いた行動であり，人間の発達を考えるうえで，互いに非常に重要な結びつきがあります。私たちが生後まず行うのは，大きな声をあげて「オギャー」と泣くことで，この時に外界から空気を取り入れる方法，つまり呼吸を経験し，続いて母親のお乳を飲むこと，徐々に軟らかい物を食べることを覚えていきます。この時点ではまだ「あー」とか「うー」といった声を感情に任せて出しているだけですが，食べたり飲んだりすることを通して，口の中の運動能力を発達させているともいえます。このような考え方は「プレスピーチ」とよばれ，特に脳性麻痺の子どもたちの言語聴覚療法で実践されています（Mueller, 1972）。

　以上のことをまとめると，音声・言語障害とは，食べることや飲み込むことを含む，人間の口腔機能を使った活動の一連の流れのなかで，何らかの障害により，その一部がうまくいかないことであると説明できます。

2．聴覚障害以外の音声・言語障害

　音声言語・障害のある人々の支援を担う職業として，最も主であるのは言語聴覚士です。言語聴覚士の仕事は，大きく４つの領域に分類されますが，第３章で「聴覚障害」について述べていますので，聴覚障害以外の３つについて以下に説明します。

(1) 失語・高次脳機能障害

　脳梗塞などの脳血管障害の後遺症として残る言語の障害です。人の話はよく理解できるが，自分で思ったことを話そうとしてもうまくいかない場合（ブローカ失語），あるいは，耳で聴いてもあまりよく理解できないが，比較的，流暢に言葉が出てくる場合（ウェルニッケ失語），また，聴くことも話すことも困難な状況に陥る場合（全失語）

など，障害の部位や程度によって，さらにさまざまな分類があります（藤原，2011）。人の言語活動には，聞く・話す・読む・書くの4つのモダリティーがあるといわれています。このなかで特に「書字」は高次の認知能力を必要とするため，失語症になると多くの人が書字に重篤な障害を示すといわれます（藤原，2011）。また，失語症は原因となる疾病の発症後まもない時期である急性期に著しく変化しますが，その後の回復期では徐々に安定します（藤原，2011）。失語症になると，完全にもとのとおりに回復することは難しいといわれていますが，リハビリテーションを続けることにより，社会参加できるようになるまで回復することが可能であることも報告されています（吉野，2009）。

　失語症のほかに起こる高次脳機能の問題としては，失行や失認があります。失行や失認があると，以前は普通に行っていた習熟された行為生活動作が困難になったり，以前は把握していた物，建物や風景，あるいは人の顔を見ても，対象を特定できなくなったりし，対象の認知が困難になるという症状が表れます（関，2011）。

(2) 言語発達障害

　言語発達障害は，その年齢に見合ったレベルの言語表出，言語理解能力に発達が届いていない状態で，そのために日常のコミュニケーションに支障をきたしている状況をさします。知的障害，脳性麻痺，自閉スペクトラム症など，背景疾患や障害が明らかである場合，または，疾患は明らかではないが，言語発達の遅れが顕著である場合と大きく2つに分かれています。後者は知的な遅れが明確に認められないことが多く，言語能力だけが低下している場合があり，最近では「特異的言語障害」という高次脳の障害として海外で用いられてきた診断名が使用されることもあります（Norburg et al., 2008）。

　言語障害についても，完全に治癒する可能性は低いことが知られていますが，さまざまな指導法により，能力の向上や日常生活でのコミュニケーション能力の改善が認められることがわかっています。主に，言語能力自体の向上をねらう指導と，苦手なところを音声言語にこだわらず，残存能力とテクノロジーを活用して補う方法があり（青木・林，2011），後者を AAC (Augmentation and Alternative

Communication：拡大代替コミュニケーション）といいます。

(3) 発声・発語障害

　この領域には構音障害，吃音(きつおん)，音声障害，広義には摂食・嚥下障害を含みます。

　構音障害は発達期から生じる発音の障害と，成人や高齢者にみられる，脳血管障害などの発症後の運動性構音障害があります。後者は特に運動性の麻痺を伴う発音の障害で，発症前は明瞭にできていた発音を明瞭にすることが困難になります。子どもの構音障害は機能性構音障害と器質性構音障害に分類されます。前者の原因は現在のところ不明ですが，構音の完成する6，7歳くらいを過ぎても，言えない発音があったり，音が歪んだりすることをさします（例：からす→たらす）（今井，2011）。このタイプの構音障害は，早期に構音訓練を開始すれば，完全に治癒することが多いことが知られています。一方，器質性構音障害は，生まれながらに口蓋裂などにより，正常な構音をつくる構音動作が困難になることをいいます。この口蓋裂は生まれつき口蓋に裂ができているもので，裂け目が唇に及ぶものを口唇口蓋裂といいます。通常は音韻の発達がさかんになる1歳から2歳で口蓋の修復のために手術を行い，適切な対応により構音障害の発現をかなり抑制することができると報告されています（岡崎，2001）。口蓋裂の医療は主に形成外科の口唇口蓋裂診療チームで行われることが多く，外来診察室に隣接して言語治療室が設置され，経験豊富な言語聴覚士がリハビリテーションにあたるケースが多くみられます。

　吃音ははじめの音を繰り返す，引き伸ばす，あるいは言葉をつまらせるなどが主症状である，発話流暢性の障害です。吃音は主に2歳〜5歳くらいまでの間に始まり，70％くらいの子どもは自然に治癒しますが，残りの約30％の子どもは慢性化し，その後も続くことがわかっています（Yairi & Ambrose, 1999）。吃音の出始めの頃は，言葉を繰り返したり，つまらせたりという症状のみで，本人も吃音をあまり深く気にしてはいませんが，成長するにつれ，またどもってしまったらどうしよう，という不安や恐怖心を強く抱くようになり，吃音を重くネガティブに捉え，心理面や行動に影響する「内面化」という症状に進んでしまいます。吃音自体の消失をねらう治療法もありま

すが，このような進んだ状況にならないよう，内面化や二次的症状を予防する支援が最も重要だと考えられています。現在では主に小学校にある言語障害通級指導教室（ことばの教室）での担当教諭が吃音の子どもへの支援にあたっています。さらに言語聴覚士は，幼少期から成人までという広い範囲を対象としています。

　音声障害は，声がかすれたり，声が年齢や性別に合わないなどで，ポリープなど，声帯に異常があるために起こると考えられていますが，心理的な要因や全身の病気などで起こることもあります。だれでも，体調が悪い時，風邪をひいた時に声がかすれたりすることを経験していると思います。しかし，そうした声の不調の大半は一過性ですが，何度も繰り返したり，継続した場合は「音声障害」が疑われます。いったん音声障害であると診断されたら，心理士によりカウンセリングを受けたり，言語聴覚士の指導を受けることになります。

　摂食・嚥下障害とは，口から食べる機能の障害のことです。私たちは普段は意識していませんが，食べ物を目や嗅覚で認識し口まで運び，口の中に入れて噛み，ゴックンと飲むことで，食物や液体を摂取しています。それには5つのステージがあることが確認されています。まず，目で見て食べ物を認知する段階（先行期），続いて食べ物を口の中に入れよく噛む段階（準備期），舌が食べ物を後ろ側に送り込む段階（口腔期），食べ物が咽頭を通過する段階（咽頭期），最後に食べ物が食道を通過する段階（食道期）です。5つのステージの1つまたは複数が何らかの原因で正常に機能しなくなった状態が，摂食・嚥下障害です。原因として想定されるさまざまな疾患が報告されていますが，そうした疾患のない一般成人でも，体力低下などを契機として摂食嚥下障害をきたす可能性があります（矢守，2011）。医療現場ではチームで取り組まれていることが多く，医師や看護師をはじめ，理学療法士，作業療法士，言語聴覚士などのリハビリテーションの専門家が連携しそれぞれの専門性を発揮しながら支援を進めています。

2節　音声・言語障害の心理特性

(1) 失語・高次脳機能障害の心理特性

　これまでできていたことが，できなくなるということを想像したこ

とがありますか。失語症は，それまで日常生活をおくっていた人が，急に話せなくなったり，言葉を聞いても理解することが困難になる障害です。その苦しみは本人でなければわからないものだと想像されます。しかし，言語が不自由になるだけで，記憶力が低下したり，知能が下がったりするわけではありません。本人はただ，言葉で表現することができなくなるだけで，頭の中には言いたいことやわかっていることがたくさんあるのです。しかし，言葉を話せない状態では，何もわかっていない，理解ができない人であると周囲から誤解されてしまうでしょう。そうではないことは，本人が一番承知していることだからこそ，この障害に伴う苦しみは計り知れないものだと思います。

　しかし，あきらめる必要はないのです。すぐれたリハビリテーションの専門家に出会い，地道に指導を受けること，またさまざまな医療職の助言を受けながら，自宅に戻ること，社会へ復帰することを目標に希望を持ち続けることで，多くの人が新しいスタートを切ることにこぎつけています。もちろん家族からの支援も大切です。失語症の人にかかわる仕事では，まず，失語症自体を改善させる言語聴覚士のより高度な専門知識が必要ですが，他職種や他機関との連携が特に重要です。ある程度回復し，慢性期に入ってからも，その人が地域で満足しながら生活できるように，在宅支援サービスなどのさまざまなサポートがあります。

(2) 言語発達障害の心理特性

　言語発達障害については，背景にある疾患が特定できる場合とそうでない場合があることはすでに説明しました。明確な診断がある場合は，ある程度，発達の予測がつく場合があります。たとえば，ダウン症の子どもで言語発達が遅れている場合は，ダウン症の子どもに共通した発達の特徴や，発達しやすい点，困難な点などのデータを参考にすることにより，より効果のある支援が可能であると考えます。

　一方，医学的な検査を経ても原因がよくわからず，言語発達が遅れている子どもの場合，特に子どもがまだ3歳や4歳と幼い場合は，専門家もどのように支援をしていくのがよいか判断に苦慮することが想像できます。しかし，それ以上に苦しんでいるのは家族です。

　一般的に，子どもの言語発達については，さまざまな研究者の報告

に基づき，多くのデータの蓄積があります。1歳になると話し始める，2歳になると2語つなげた話し方ができるなど，ある程度は発達の先が見通せるような指標もあります。しかし，あくまでそれらは，一定数の子どもたちを対象とした研究結果であり，絶対的で普遍的な事実ではありません。子ども1人の発達は非常に多彩であり，可能性が多く含まれます。幼い子どもたちの言語発達の問題にかかわる専門家は，その子どもが年齢相応にできること，できないことを把握し，一般的なデータに基づいて今後の状態を予測する高度な能力が必須です。しかしそれにも増して，不安を抱えた家族が安心できるような助言ができる，という資質が重要であるといっても過言ではないでしょう。そのような専門家が望まれていると思います。

(3) 発声・発語障害の心理特性

　人間の声というのは，その人の個性として印象に残りやすいがために，声や話し方の問題に悩む人は少なくありません。本人は正確に発音したつもりでも，聞き手にとっては，間違った音に聞こえていることもあります。また，吃音の人はどもりたくてどもっているわけではないのですが，その話し方を聞いて真似をしたり，からかう人もいるという話を実際の臨床場面で子どもたちからよく聞いています。発音や音声の障害の場合は，専門家から正しい音の出し方を学び練習することにより改善することが多い一方で，吃音は練習したから治る，というものではありません。それは，吃音の症状がその人の心理面と深くつながっているからです。吃音については，表に出ている「ぼ，ぼ，ぼ，ぼくは……」というような症状に目が行きがちですが，特に思春期以降になると，その表面化した症状の裏側にある，不安や恐怖，吃音への否定的な感情や態度，吃音のある自分への否定的な感情や態度のほうが，深刻であるといわれています。よって，表面化している言語症状が軽い場合でも，本人は周囲の想像を超えるほど悩んでいる場合があります。そうした面をフォローするような支援や取り組みこそ，大切だといわれています。

3節　音声・言語障害心理学が役立つ仕事

　本節では，主に言語聴覚士と小中学校内の言語障害通級指導教室の教諭の役割について紹介します。現場の声5と6も参照してください。言語障害にかかわるこの2つの専門職は，医療現場と教育現場というように，まず職場が分かれています。また，対象とする人の年齢が教育現場の場合は学齢児ですが（教室によっては幼児も対象とし，小中学校卒業後もフォローをする場合もあるようです），医療現場ではすべての年齢層を対象としているという点が異なります。

　また，言語障害の専門家が勤務する，言語障害の子どもを対象とする指導機関として，病院や学校の通級指導教室のほか，福祉施設があります。多くは都道府県や市町村立のセンターとして設置されています。名称は福祉施設であっても，医療施設としての機能を備えた機関が多く，小児科医師を中心とし，看護師，保育士，心理士，理学療法士，作業療法士，言語聴覚士などがチームで連携しながら療育を行います。

　言語の問題について支援にかかわる職業に就きたい，と考えている人は，まず，国家資格である言語聴覚士を目指してほしいと思います。言語聴覚士の養成校では，本章で取り上げたさまざまな言語障害のすべての領域について学び，病院での実習を行うことが義務づけられているからです。教育現場に興味のある人は，障害児教育についての専門知識が身につくようなコースがある大学を選び，教員免許を取得する方向へ進むとよいと思います。本書を読んでくださっているみなさんに，ぜひ言語指導のプロになって実力をつけ，関連する多職種の専門家をリードするような存在になっていただきたいと願っています。

現場の声 5

言語聴覚士

　私は病院の外来のリハ部門で成人と小児のリハビリテーション（リハビリ）に言語聴覚士として携わっています。成人の患者は，家庭復帰といった主な目標を達成し，職業復帰などのより高いレベルに到達するために来院します。小児の患者は，コミュニケーションや食事に困難がある場合や，市の保健センターから言葉に関して指摘を受けた場合などに来院します。ここでは，外来リハ部門で患者や家族に対して言語聴覚士がどのような支援を行っているのかを中心に紹介します。

　失語症に対しては，聞く，話す，読む，書くといった言語機能を詳細に評価し，言葉を出しやすくする練習や理解しやすくする練習を行います。病前の職場に復帰することや就労施設で働くことを目標にリハビリを行う患者もいます。失語症になり文字を書くことが困難になったAさんの例では，外来のリハビリに通いながら，病気の発症前の職場の協力のもと試験出勤を行いました。試験出勤を経験するなかで，病前に書けていた文字が書けない，パソコンに文字を入力する時に頭に文字が浮かばず病前と同様に仕事ができないことに気づき，落胆する発言がありました。現在できることや課題となることをAさんと一緒に確認していき話し合いをして，新たな目標を立てて試験出勤に臨むことができるようにサポートしました。またAさんの障害を理解してもらえるよう，職場を訪問したり，話し合いを重ねました。浦上ら（2013）は，患者が障害を認識する過程で生じるマイナスの感情を生産的なものに変え，自信につながるような心理的プロセスを支える支援や，地域や職場のなかで受け入れられる環境が必要になると報告しています。高次脳機能障害全国実態調査委員会（2011）の報告では，国内の失語症者の職業復帰率は5％前後ときわめて低い状態ですが，失語症者が新聞記者として職業復帰した例もあります（渡部ら，2015）。このように，言語聴覚士が職場復帰をサポートするなかで，患者の心理面を支えていくことも必要不可欠となっています。

　言語発達障害に対しては，言葉を理解する力や言葉を発する力をみる検査をします。子どもに対して「言葉やコミュニケーションに関心をもたせる」「語彙や文法，

言語機能検査

検査物品

摂食練習場面

文字の習得を促す」などの練習を行い，家族には適切なかかわり方の指導を行いながら「言葉の獲得」をサポートします。構音障害に関しても，どの発音が苦手かを明確にするために検査を実施し，唇や舌のストレッチなどの練習を指導します。摂食・嚥下障害には唇や舌の運動の評価や練習，飲み込みの練習を行います。また食べやすい食物の軟らかさや大きさ，食べ方などを評価して本人もしくは家族へ安全に食事ができるよう指導をします。発音が不明瞭で相手に話が伝わりにくいBちゃんは，小学校に設置されている「ことばの教室」で指導を受けています。ことばの教室の先生からの希望で学校訪問をしました。指導場面を見学し，Bちゃんが苦手な舌の後ろの部分を動かす練習がさらに必要であることなどを伝え，練習の内容と目標を共有しました。Bちゃんのお母さんから，「学校と医療が連携した支援をしてもらえ安心した」とお話がありました。

　成人の場合は就労施設や職場，小児の場合は学校や幼稚園，保育所などの患者さんの生活の場とつながり，障害のある人や子ども，その家族を地域と連携をして包括的に支援できることが大切だと考えます。しかし，言語聴覚士は2016年3月時点では全国で13,099名と他のリハビリテーション専門職と比較し少ない状況です。特に小児領域に携わる人は全体の27.6％とさらに少なく，支援が必要な患者さんに対して十分な支援を提供できない現状があります。1人でも多くの患者が十分な支援を受けられるように，言語聴覚士が地域と連携し，障害のある人や子どもの自立や社会参加へと導くことができればと考えています。

言語障害通級指導教室教諭

現場の声 6

　「こんにちはー！」今日も，通級している子どもたちが保護者と一緒に「ことばの教室」へ通ってきます。吃音（音の繰り返しや伸ばし，間があく）や構音（発音の誤りやひずみ），言語発達などの課題があり，在籍学級で活躍しづらい子どもたちが，1対1の個別指導や少人数のグループ指導のなかで自信をつけ，のびのび，いきいきと活動しています。その様子を少しだけ，紹介します。

　全国の公立小学校では，通級による言葉の指導が行われています。子どもたちは，週に1回，1～2時間ことばの教室に通っています。主訴は吃音や構音，言語発達ですが，一人ひとりの子どもたちの課題は多岐にわたっています。

　私の所属している小学校のことばの教室の指導は，はじめに個別指導が65分間，その後同じ時間に通級している児童が集まるグループ指導が25分間，合計90分間あります。朝一番に通級したあと在籍学級へ行く児童，給食を食べてから5時間目からの授業を抜けて通級する児童，6時間目の授業を抜けて通級する児童に分かれています。個別指導の内容は児童の状態に合わせて多種多様ですが，週ごとにテーマを決めて，スピーチのメモを作ったり，作文したりする活動を必ず含めています。そして，グループでは，それぞれがスピーチをして質問や感想を発表し合い，その後でやりたい遊びを決めます。決め方は，一人ひとり遊びたい活動を提案し，多数決をとります。遊びが決まると，通級時間ぎりぎりまで，めいっぱい身体を動かします。個別指導で培った力を毎回毎回グループのなかで発揮できて，一緒の時間に通級している子どもたちとかかわり合えることが，グループ指導を併用しているメリットのひとつではないかと考えています。

　その他の教室の特色として，学期ごとに農園の作物を収穫させてもらう「自然の教室」や，年に1回ずつ「調理教室」と「工作教室」があります。いずれも五感を使いながら，言葉をはぐくむねらいをもっています。「自然

の教室」では,毎年区内の農園で,1学期にジャガイモ,2学期にサトイモ,3学期に小松菜や大根を収穫させてもらいます。「調理教室」では皮から作るギョウザや好きな動物の形を作る動物パン,スープやめんを手作りするラーメン,「工作教室」ではプラバンや指編み,そして昨年は図工の先生の指導を得て,初の陶芸にチャレンジしました。

　心理学という側面から通級指導学級の教育を考えてみると,大学で学んださまざまな心理学が基礎になることはもちろんですが,いくつになっても心理について子どもから学び続ける日々です。大切なのは,なかなかうまくいかない教育実践の難しさを子どもや保護者のせいにしないこと。知識と経験を総動員しながら,実践し,工夫し直し,そのたびに変えていくことが,この仕事の難しさでもあり,醍醐味でもあると考えています。

　どんなにことばの教室でいきいき活動している子どもでも,そこがゴールではありません。通級指導学級の目標は,あくまでも在籍学級で自分らしくのびのびと表現できることにあります。そのために,病院や療育施設での専門的アプローチだけでなく,小学校のなかの在籍学級担任と同じ教諭という立場の私たちことばの教室のアプローチがあるのだと思います。

第5章
知的障害の心理とその支援

活かせる分野

1節　知的障害とは

　知的障害（intellectual disability）は，どのように定義されるのでしょうか。代表的な定義としては，アメリカ知的・発達障害協会（American Association on Intellectual and Developmental Disabilities: AAIDD）の第11版（2010）で提唱した下記のような定義があります。

> 知的障害は，知的機能と適応行動（概念的，社会的および実用的な適応スキルで表される）の双方の明らかな制約によって特徴づけられる能力障害のことである。この障害は18歳までに生じる。

　この定義を適用するには，表5-1に示した5つを前提とすることが示されています（AAIDD, 2010）。
　そのほかにも，世界保健機関（WHO: World Health Organization）やアメリカ精神医学会（APA: American Psychiatric Association）などが知的障害の定義を示しています。いずれの定義においても，およそ以下の3つの要素が含まれています。第1に知的機能に制約があり，知能指数（IQ）が70以下の状態であること。第2に，適応行動に制約を伴うこと。第3に，18歳までに生じることです。した

▼表 5-1　定義の適用に必要とされる 5 つの前提（AAIDD, 2010）

(1) 今ある機能の制約は，その人と同年齢の仲間と文化に典型的な地域社会の状況の中で考慮しなければならない。
(2) アセスメントが妥当であるためには，コミュニケーション，感覚，運動および行動要因の差はもちろんのこと，文化的，言語的な多様性を考慮しなければならない。
(3) 個人の中には，制約と強さが共存していることが多い。
(4) 制約を記述する重要な目的は，必要とされる支援のプロフィールをつくり出すことである。
(5) 長期にわたる適切な個別的支援によって，知的障害のある人の生活機能は全般的に改善するであろう。

がって，現在のところ知的障害はこれら 3 つの構成要素で定義されると考えられます。

定義にかかわる知的機能と適応行動については，標準化された心理検査で評価する必要があります。わが国における代表的な知能検査としては，田中ビネー知能検査法Ⅴ（田研出版，2003 年）や WISC-Ⅳ（日本文化科学社，2010 年）があげられます。また，適応行動については，Vineland-Ⅱ 適応行動尺度（日本文化科学社，2014 年）があります。

2 節　知的障害の心理特性

1. 特性と個人差

知的障害の心理行動特性は，知的機能と適応行動に制約があることから，言語・コミュニケーション，認知，行動面などさまざまな心理的機能や行動に特性がみられます。また，知的障害の原因によっても，特性が認められる場合もあります。たとえば，21 番染色体異常を原因とするダウン症候群には，ある程度共通する特性がみられます。しかし，仮に同じ診断名であっても，その症状には必ず個人差もみられます。したがって，画一的な捉え方は避け，まずはその人をしっかりと理解しようとする姿勢が大切です。

さて，「特別支援学校学習指導要領解説総則等（幼稚部・小学部・中学部）」（文部科学省，2009）では，知的障害の特徴について，以下のように解説されています。

> 知的障害とは，一般に，認知や言語などにかかわる知的能力や，他人との意思の交換，日常生活や社会生活，安全，仕事，余暇利用などについての適応能力が同年齢の児童生徒に求められるほどには至っておらず，特別な支援や配慮が必要な状態とされている。また，その状態は，環境的・社会的条件で変わりえる可能性があると言われている。

　この解説にも記載されているように，知的能力と適応機能の制約は認められるものの，環境などによって，その状態が変容する可能性があります。つまり，その人の行動を理解するためには，環境との関係から分析し，支援のあり方を見つめていくことが大切です。

2．自己評価の低下と支援

　知的障害の一般的な特性としては，失敗経験の多さなどから意欲が低下し，他者に依存しがちになることがあげられます。こうした背景には，自信や自己評価の低下があげられます。知的障害児を対象とした自己概念に関する研究からは，認知領域に比べて運動面の自己能力評価が低いと報告されています（大谷・小川，1996）。これは，教科指導における健常児との課題遂行性の差を直接比較する機会の差に起因すると考察されています。つまり，運動能力が健常児と比較をして，できない実感を抱きやすいことと関係しています。

　したがって，知的障害児への支援においては，他者との比較ではなく，むしろ本人のなかで，以前に比べてできるようになったことへの理解を深めていくことが大切です。振り返り場面などでは，本人ができるようになった事柄を具体的にわかりやすく提示していくことが求められます。また，1学期や1年間といったまとまった期間の振り返りにおいても，できるようになった事柄に加えて，体や心の成長などについても理解を深め，自己成長感を抱けるように支援を行っていくことが望まれます。

　なお，一般に特別支援学級や通常学級に在籍している知的障害児は，同年代の障害のない子どもとの比較から自信を低下させがちです。支援にかかわる人は，本人が比較している対象を把握し，本人の過去の経験をふまえながら，他者との比較ではなく，むしろ自分自身の成長を実感させ，自信を回復させるような支援が大切になります。

また，知的障害児の学業や運動領域の自己概念は，重要な他者からの賞賛が多く，叱責が少ないと高くなると報告されています（小島，2010）。したがって，本人にとって重要な他者から認められたり，ほめられたりする経験が大切になります。

3．記憶の特性と支援

　記憶は，人の学習メカニズムにおいて重要な役割を担っています。知的障害児の短期記憶の容量は，同年代の定型発達児に比べて小さく，一度に保持できる容量には限界があります。したがって，まずは本人の短期記憶の容量を考慮することが大切です。

　知的障害児を対象とした記憶の研究では，記憶方略について検討されてきました。記憶方略とは，記憶を高めるために意図的に行われる認知活動です。たとえば，新しい電話番号を覚えるときに，何度も電話番号を繰り返し唱えることなどがあります。これは，リハーサルといわれる方略であり，知的障害児はリハーサルが貧弱あるいは不適切と報告されています（松村，1989）。また，どこに何が隠されているかを記憶する筒課題を用いた研究（上岡・松村，2000）からは，知的障害児は同一精神年齢の定型発達児に比べると，点検したり命名するといった方略の出現が遅れることが示唆されています。しかし，知的障害児においても精神年齢の上昇とともに，より高次の方略がより多く出現することが示唆されています。つまり，知的障害児においては，定型発達児よりも遅れるものの，記憶方略を使用するようになっていくといえます。

　それでは，どのようにして知的障害児の記憶方略を促進すればいいのでしょうか。そのひとつの方法が，自己教示訓練です。自己教示訓練とは，実施すべき行動を自分に言い聞かせることです。知的障害児を対象とした系列再生課題において，般化における効果が認められています（Borkowski & Varnhagen, 1984）。

　ダウン症児は，特に聴覚的な短期記憶について苦手にしています。したがって，口頭で伝えるだけでなく，視覚的な手がかりを活用することも大切になります。また，忘れないためにメモや付箋紙を利用したり，スマホなどで写真を撮ることなど，苦手な記憶を補完する方法を支援していくことも大切です。

4. 言語・コミュニケーション特性と支援

　知的障害児の言語・コミュニケーション能力は，個人差は大きいものの，概して発達の遅れや偏りが認められがちです。知的障害児は，指さしなどの非言語コミュニケーションにおいても，遅れが認められることが多いです。また，有意味語の表出も遅れがちで，多くの場合，統語発達にも課題がみられます。たとえば，知的障害児の日常での会話について分析してみると，簡単な「名詞」での発話が多く，「助詞」を適切に使って話をすることには困難さが認められます。さらには，受動文のような複雑な文の理解に困難を示すことが知られています（竹尾・伊藤，2014）。したがって，知的障害者とのコミュニケーションにおいては，複雑な長い文章で説明するのではなく，本人にとってわかりやすい簡単な名詞や動詞を用いて，短い文章で伝えることが大切になります。

　ただし，メタコミュニケーション（他者の知識状態・感情状態と自己のそれとの差を適切に検出すること，さらに他者についての知識に基づいて自己のコミュニケーション活動を調整するための機能）については，知的障害者のほうが，精神年齢を統制した定型発達児に比べて，いくつかより機能していることが報告されています（田中，2001）。田中（2001）は，物語伝達場面におけるメタコミュニケーションについて検討し，知的障害者のほうが①相手の特徴を正確に分析し，相手の受け止め方を予測することのできる推理力をもち，そうしようとする志向性がある，②相手の特性を今直面しているコミュニケーション場面に適用し効果的に行う，③相手の注意や関心を自分に向けるための行動要求や伝達内容をわかりやすく伝えるための行動的工夫がみられることを報告しています。そして，知的障害者では，より相手の身体の主体性を感じとり同時に自分の身体も相手へ向かっているという，身体における相互志向性に敏感に反応をしながらコミュニケーションを行う特性と考察しています。こうした特性を考慮しながら，知的障害者とのコミュニケーションのあり方を見つめていくことが大切です。

　知的障害者の文字・書き言葉と精神年齢との関係については，精神年齢4歳6か月頃から単語を並べた文の書字が可能になり，精神年

齢4歳6か月から5歳6か月の時期は，自筆で書き言葉の文の書字が可能になる時期と考えられると報告されています（渡辺，2010）。このことから，小学校入学時にIQ50前後あれば，6年生時に精神年齢6歳前後となり，自己イメージを統語的に正しい文として400字程度の文章書字が可能になるとされています（渡辺，2010）。知的障害者への文字の読み書きの支援においては，精神年齢の発達を考慮しつつ，発達段階に応じた適切な支援を展開することが望まれます。

　なお，ウィリアムズ症候群は，概して言語能力は高く，統語的側面にも遅れが認められないこともあります。また，ダウン症候群では，表出言語が理解言語に比べて遅れる，発語が不明瞭，吃音や軽度の難聴が多いといったことがあげられます。つまり，知的障害のなかでも，診断名によっても言語・コミュニケーション特性が異なります。また，近年では，知的障害児を対象としてもタブレットPCの活用などさまざまなICTを活用した支援方法が開発されてきており，今後の発展が期待されます。

3節　知的障害心理学が役立つ仕事

　知的障害の気づきは，早期の場合には1歳6か月児健診や3歳児健診であることが多いです。知的障害は，最初に「言葉の遅れ」として気づかれることが多く，その気づきや判定，そしてその後の支援には，一般的には臨床心理士などの資格を所有した心理士が担当します。健診にかかわる保健師も，子どもの発達や知的障害に関する知識が欠かせません。また，知的障害がある幼児は，地域の療育機関に通います。療育機関では，心理士や保育士などによる集団や個別の療育，さらには言語聴覚士による言語訓練を受けることが多いです。乳幼児期からの早期発達支援は，子どもの可能性を最大限のばすとともに，保護者の心理的支援，子育て支援の役割も担っており，知的障害に関する基礎的な知識が欠かせません。子どもの将来に不安を感じる保護者も多い時期だけに，地域の子育て支援にかかわる情報提供なども行いながら，子育て支援へとつなげることが大切です。

　知的障害児の場合，小学校特別支援学級，特別支援学校小学部などに入学します。特別支援学級や特別支援学校の教師は，アセスメン

ト，実際の指導と評価など，知的障害児への直接的な支援にかかわるので，知的障害心理学や心理検査の知識などは不可欠です。ただし，軽度知的障害の場合には，顕著な言葉の遅れがみられないことも多く，小学校通常学級に入学後に気づかれる場合も少なくありません。したがって，小学校通常学級の担任の教師の気づきは，とても大切になります。いずれにせよ，学校で過ごす時間は一日のなかでも大きな比重を占めます。それだけに，教師は知的障害心理にかかわる確かな知識と技術によって，子どもの能力を最大限のばす支援を展開していきたいものです。

　また，知的障害者の就労支援などにかかわる現場の人たちも，知的障害に関する基本的な知識は欠かせません。年齢が高くなると，老化現象などがみられます。知的障害者も高齢化が急速に進んでおり，今後，こうした高齢知的障害者への心理的な支援も大きな課題といえます。それだけに，成人期の知的障害者にかかわる人たちは，健康面への配慮とともに，心理・行動機能の経年変化を的確に把握し，効果的な支援へとつなげることが求められます。成人期以降においては，その人にとって豊かな人生になるよう支援を行っていくことが大切です。

特別支援学校（知的障害）教諭

● 特別支援学校の概略

　筑波大学附属大塚特別支援学校（以下本校）は，特別支援学校（知的障害）で，幼稚部から高等部まで約70名の幼児児童生徒が学んでいます。本校は近年，「社会性の力（自分自身の力を前向きに発揮し，他者との関係性を積極的に築く力）」を育むことを学校研究の中心にすえ，日々の教育活動を行っています。また幼稚部から高等部までの知的障害児の教育を担う教育部と，学校内外の教育的支援のコーディネートを行う支援部とがあります。私は11年間，教育部で小学部の教員として勤務をし，現在は支援部で特別支援教育コーディネーターとしての役割を担っています。特別支援学校における特別支援教育コーディネーターは，校内の教育的支援に関する連絡調整に加えて，地域の特別支援教育に関するセンター的役割（訪問や巡回による行動観察や教育相談，教員研修など）も担います。私も支援部の同僚と共に，近隣の幼稚園や小中学校などの先生たちと，教育的支援を必要とする子どもたちの話をする機会が増えました。

● 心理学とのつながり1：子どもたちの実態把握

　大学生時代に，講義や臨床実習などを通して心理学にふれる機会はありましたが，その時は数多くある授業のひとつとして受けていたように思います。特別支援学校の教員となった今は，仕事と心理学とのつながりが，より身近に，また強く感じられるようになりました。特に日常の授業や生活を通して，障害のある幼児児童生徒とかかわったり，同僚の教員とチームを組んで教育活動を行ったりする際に，その昔心理学の授業で学んだことが活かされているように感じます。

　たとえば幼児児童生徒の実態把握です。発達に遅れや偏りのある子どもたちの実態を把握する際に，定型発達の幼児・児童の発達の様相（順序性や系統性）を学ぶことはとても大切です。乳幼児期や学齢期の発達を学ぶことで，目の前の子どもたちの実態をより具体的につかむことができ，実態に応じた教育的支援を行うことができるからです。本校の学校研究でも，さまざまな発達検査や発達心理学の研究知見をもとに独自のアセスメントシートを作成し，それらを用いて幼児児童生徒一人ひとりの実態を把握し，「個別教育計画」の具体的な目標や支援方法の選定に活かしています。

● 心理学とのつながり2：学習評価

　もう1つのつながりは，授業や日常生活における学習の評価です。特別

支援学校では，授業や生活における子どもたちの学びの様子を把握する方法のひとつとして，具体的な行動目標を定めて記録をとり，記録に基づく学習の評価を行うことがあります。行動を記録する際には，その事前のきっかけや事後の結果などを併せて記録する方法を用いたりすることもあります。これらの記録をもとに，教員間（時には本人や保護者との間）で子どもたちの学びの様子を共有し，必要に応じて改善策を検討します。

　先日，ある1人の児童（以下Aさん）の行動の記録を取り，Aさんの授業における支援の方法について，同僚の教員と検討をする機会がありました。学級での活動場面における参加度（教員や友達への注目やかかわり）を標的として，その前後の様子（教員や友達からの働きかけなどのきっかけや，Aさんのかかわりに対する周囲の応答など）を記録し，付箋紙を用いて協議をしました。その結果，「楽器を交換するなど，具体的なかかわりの手がかりがあると注目がしやすい」「友達に場所を伝えたりする役割を設定するとかかわりが増える」など，Aさんが他者とより積極的にかかわって授業に参加できるためのアイデアが出されました。

　このような協議を，本校では「授業省察」とよんでいます。記録をもとにした授業省察をすることで，幼児児童生徒一人ひとりのその時の実態に適した支援方法をチームで検討することができます。また授業省察は，教員自身の振り返りにもなり，次の授業の内容や方法を検討し，改善できることもよい点です。その一方で，子どもたちのさまざまな行動を取り上げて記録し授業省察をするには，時間的な制約もあります。心理学を含めて学生時代に学んだことや経験したことを持ち寄りながら，また自身も学び続けながら，幼児児童生徒一人ひとりの豊かな学びにつながる授業を模索していくことが，私たちの重要な役割だと考えています。

授業省察の様子

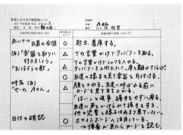

授業記録の例

療育センター心理士

● 療育センターの役割と最近の動向

療育センターは，発達に何らかの心配がある０歳〜18歳の子どもと，その保護者への支援を行います。相談件数は年々増加し，特に相談開始の低年齢化，知的発達に明らかな遅れはないものの日常で何らかの心配がある，いわゆる発達障害圏の子どもの相談数の増加などの傾向を認めます。近年，核家族化や少子化が進み，身近に相談相手がいない，必要以上にわが子の様子を観察してしまう，インターネットなどで発達や障害に関するさまざまな情報を容易に検索し得るゆえの情報過多などの影響がうかがえます。

発達は，子どもと保護者との関係性の上に成り立つものであり，療育では双方への支援を行います。来所ケースの大多数は，ライフステージの幼児から児童期にあり，成長や変化が大きいこの時期は，子どものつまずきや保護者が捉える問題も形を変えていきます。そのため，その時々の「今」に応じ，発達的課題や支援方法を見定めることが必要であり，その連続性が，子ども自身そして保護者にとっての発達の見通しや道筋となっていきます。療育センターには，規模にもよりますが，医師，看護師，理学療法士，作業療法士，言語聴覚士，心理士，ケースワーカー，保育士・指導員などの職種がおり，複数職種が連動しながら，日々の療育を行います。

● 子どもの発達の見立てと支援

心理士は，子どもの発達の「今」を把握し，「次」のステップを見立てるため，発達の現状や問題点，保護者の主訴などに関し，アセスメントを行います。発達・知能検査実施，行動観察，保護者からの聴取などから，子ども理解につながるなるべく多くの情報を収集します。発達年齢や知能指数，発達の遅れの有無だけでなく，認知や言語，対人関係・社会性など発達諸側面の状態とそのバランス，得意不得意，特性などを把握し，「発達」という観点から子ども像を見立て，ニーズに応じ支援を検討します。

実際の支援には，子どもの状態やニーズに即し発達課題プログラムを立案し行う個別指導，親子の

視覚支援を用いた個別療育場面

愛着形成を促すプレイセラピー，子ども対応への困難感が強い保護者へのペアレントトレーニングなどがあげられます。また定期的にアセスメントを実施して発達経過を追い，そのつど方針の見直しを行います。さらには，必要に応じ関係機関（幼稚園や保育所，学校，保健センター，児童相談所など）と，訪問や電話連絡，報告書作成などを通して情報共有し，連携を図ります。

● 障害受容過程と保護者支援

子どもの発達は保護者にとって未知であり，特に変化の大きい幼児期は見通しがもちづらく，保護者が障害を理解し受け入れるのは難しいことです。中田（2009）は，障害受容は，階段をまっすぐに上るような段階的なものではなく，一見受容しているように見えても，裏側には悲嘆感が見え隠れする，あたかもらせん階段を上っていくようだとたとえ，障害受容を「ゴール」ではなく，行きつ戻りつしながら徐々に現実と向き合えるようになっていく「過程」であるとしています。保護者が，今どのような心理状態にあるのかを捉え，肯定，否定いずれの感情も受け止め寄り添う姿勢が，支援者には求められます。特に，来所間もない時期の保護者は，現状を十分把握，納得していないにもかかわらず，前に進まざるを得ない葛藤が生じていると察せられます。そのような思いをふまえ，まずは今目の前の課題をどうやって解決できるかを，共に具体的に探り，糸口を見出すことで，これからの支援の必要性や有用性を保護者に浸透させていくことが，これから始まる療育への入り口として，非常に大切だと感じます。

また最近では，養育の負担感などから何らかのメンタルヘルスの問題がみられる保護者が少なくありません。子どもへの支援を有効に行うためには，保護者への支援も不可欠であり，メンタルヘルスに関する知識や対応の仕方，他領域・職種との連携体制なども有しておく必要性が高まっています。

● 関連領域にまたがる学際的領域としての「療育」

「療育」は，医療，福祉，教育，心理など諸領域にまたがり，さまざまな専門職種が連携しつつ，適材適所役割を担い実際の支援にあたっています。そのなかで，心理領域のみならず，関連領域のさまざまな知識を深め，視野・視点を得ることで，心理士としての幅や奥行きを広げていける領域です。

第6章
自閉スペクトラム症の心理とその支援

1節　自閉スペクトラム症とは

　自閉スペクトラム症（Autism Spectrum Disorder）は，社会的コミュニケーションと対人相互交渉における障害，および限定的で常同的な活動・行動・興味を示すことを特徴とする発達障害です。広汎性発達障害やアスペルガー障害など関連する障害名が複数存在していますが，国際的な診断基準である『精神疾患の診断・統計マニュアル第5版（Diagnosis and Statistical Manual of Mental Disorder: DSM-5）』が，2013年にアメリカ精神医学会（American Psychiatric Association: APA）から出版され，自閉スペクトラム症という名前に統合された形になっています（APA, 2013）。スペクトラムとは「連続体」という意味で，自閉性という障害の程度が重度から軽度までの幅広い状態を含んでいることを意味しています。

　自閉スペクトラム症の有病率は，1％程度と推定されています（古荘・岡田，2007）。自閉スペクトラム症の原因は，中枢神経系の機能障害であると推定されていますが，特定はされていません。一卵性双生児において，両方の子どもがともに自閉スペクトラム症となる確率（60〜95％）が，二卵性双生児（20％程度）と比較して高いなどの理由から，遺伝的要因が関与している可能性が指摘されています（日本自閉症スペクトラム学会，2005）。また養育環境を原因とする心因

論(たとえば,母親のかかわりの不足)については,現在は否定されています。

　自閉スペクトラム症は,ほかの障害が合併することもあります。自閉スペクトラム症の半数程度は,知的障害(標準的な知能検査により算出された知能指数が70未満)が合併しています。また同じ発達障害である限局性学習症(限局性学習障害:Specific Learning Disorder)や注意欠如・多動症(Attention-Deficit/Hyperactivity Disorder)が合併している人もいます(日本自閉症スペクトラム学会,2005)。

2節　自閉スペクトラム症の心理特性

1. 対人関係にかかわる障害特性

(1) 社会的コミュニケーションと対人相互交渉の障害

　社会的コミュニケーションと対人相互交渉における障害は,自閉スペクトラム症の中核的な障害とされています。具体的な状態としては,他者と興味などを共有することが難しいことにより,適切な会話などが成立しないような状態(たとえば,自分の興味のある話題を,相手の関心の有無にかかわりなく,話し続けてしまう),相手の非言語的コミュニケーション(たとえば,視線・身ぶり・表情)の意味を理解することが難しい(たとえば,相手の怒っている表情や身ぶりなどが理解できないことがある),非言語的コミュニケーションの適切な表出が難しい(たとえば,喜怒哀楽が顔の表情に表れにくい),社会的状況に合わせて自分の行動を調整することが難しい(たとえば,静かにしているべき場所で,大声でしゃべってしまう)などがあります。

　以下では,社会的コミュニケーションの障害と関連がある「共同注意の障害」と「心の理論障害仮説」について説明をします。

(2) 共同注意の障害

　自閉スペクトラム症は,発達初期の段階から,社会的コミュニケーションにおいて特異な様子を示すことが知られています。そのひとつに,共同注意(joint attention)の発達の遅れがあります。共同注意

には大きく分けて2種類があります。その1つは，始発的共同注意とよばれるもので，自分が注意を向けている対象に対して，視線を向けたり，指さしをしたりすることで，相手の注意を向けさせる行動です。たとえば，赤ちゃんが，車が通ったときに「あっ」「あっ」と言いながら，指さしをする行動がそれにあたります。共同注意のもう1つは，応答的共同注意とよばれるもので，大人の注意の方向や対象を探り，それに自分の注意を合わせる行動です。たとえば，車が通ったときに，母親がそちらの方に視線を向けたり，指さしをしたりしたときに，その先にある車に注意を向ける行動がそれです。共同注意の成立は，その後の言語・認知能力および社会性の発達の基礎となるものと考えられています。

定型発達の子どもの場合，応答的共同注意が8か月を過ぎる頃から，始発的共同注意は13か月過ぎから見え始め，18か月頃にはほとんどの子どもで成立することが知られています（大神，2005）。一方で自閉スペクトラム症の子どもは，精神年齢が20か月以上にならないと，共同注意行動が成立しないことが示されています（Mundy et al., 1994）。近年では，自閉スペクトラム症の幼児に対して，共同注意行動の支援を行う研究が多く実施されてきており，一定の成果をあげています（Meindl & Cannella-Malone, 2011）。

(3) 心の理論障害仮説

自閉スペクトラム症の社会的コミュニケーションと対人相互交渉の障害を説明するひとつの考え方に「心の理論障害仮説」というものがあります（Baron-Cohen et al., 1985）。心の理論 (theory of mind) とは，他者の意図・知識・信念などを推測する能力のことをさします。「心の理論障害仮説」とは，自閉スペクトラム症の対人コミュニケーション障害の根底に「心の理論」の障害がある，という考え方です。

「心の理論」の能力を身につけているかどうかを確認するためには，誤信念課題が用いられます。誤信念課題では，他者が誤った「思い込み」をしているということを理解できるかどうかを評価します。以下では，代表的な誤信念課題であるサリー・アン課題を説明します。この課題は6段階で構成されています。

(A) サリーとアンという，2人の登場人物が部屋のなかにいます。
(B) 部屋には「カゴ」と「箱」が用意されています。
(C) サリーが自分のビー玉を「カゴ」の中に入れます。
(D) サリーは，部屋の外に出ていきます。
(E) アンは，サリーのビー玉を，「カゴ」から「箱」へと移動させます。
(F) サリーが部屋に戻ってきて，ビー玉を探します。

　以上の状況を人形劇などで示した後で，「サリーが自分のビー玉を探すのは，カゴと箱のどちらですか」という質問をします。サリーは，アンによってビー玉が「箱」に移動させられたことを知らないので，「カゴ」の中にあると思い込んでいるはずである，という誤った信念を推測できるかどうかが，この課題を通じて評価されます。そして，バロン＝コーエンら（Baron-Cohen et al., 1985）は，定型発達やダウン症の子どもと比較して，自閉スペクトラム症の子どもでは，この誤信念課題の成績が低いことを示しました。

　「心の理論障害仮説」は，誤信念課題という比較的単純な課題設定を用いて，自閉スペクトラム症の社会性に関する障害の判別が可能になるかもしれない，という大きな期待をもたらしました。しかしながら，その後の研究では，定型発達の子どもやほかの障害の子どものなかにも，誤信念課題を正答できないものがいること，そして自閉スペクトラム症の子どもでも，比較的言語能力の高い子どもは，この課題を通過することができることなどが示されました（内藤，2016）。つまり，必ずしも自閉スペクトラム症において特別な結果ではないということが明らかになっています。「心の理論」と自閉スペクトラム症の関係については，今後も研究が必要とされる領域であるといえます。

2. 行動や感覚にかかわる障害特性

(1) 限定的で常同的な活動・行動・興味

　自閉スペクトラム症の第2の障害特性となっているのは，興味や関心の幅が極端に狭かったり，同じ活動や行動を繰り返し行ったりする様子がみられることです。こだわり行動はその一例です。たとえば，学校の通学路にこだわりを示す自閉スペクトラム症の子どもは，

工事などで経路が変わると泣き叫ぶなどの混乱した様子をみせることがあります。また，わずかな環境変化，たとえば，椅子の位置が少しずれている，ドアが開け放しになっているなどに気づき，それをもとの状態に戻さずにはいられない様子などもこれにあたります。

　また知的障害が伴う自閉スペクトラム症は，常同的な行動（自己刺激行動）を示すことがあります。自己刺激行動の代表的なものには，ハンド・フラッピング（自分の片手を自分の目の前で細かく動かすこと）やロッキング（身体を前後に揺らすこと）などがあります。自己刺激行動は，何もやることがない暇な時間に生じていたり，あるいは外的環境からの刺激の受け取りを遮断するために行っている可能性などが考えられています。

（2）感覚刺激に対する過敏さ・鈍感さ

　感覚刺激に対する過敏さ・鈍感さもまた，多くの自閉スペクトラム症の人たちに共通してみられる特性です。過敏さの例として，定型発達の人であれば聞き流すことができるような音に対して，非常に苦痛な様子を示す場合があります。また鈍感さの例としては，大きなけがをしても，痛みに関する表現をまったくしない人がいることなどがあります。過敏さ・鈍感さとは別に，ある特定の刺激（匂いなど）に過剰にこだわり，それを何度も確かめるような様子を示すこともあります。

3．診断基準以外の代表的な心理特性

（1）全体的統合の障害

　フリス（Frith, 2003）は，自閉スペクトラム症の認知特性のひとつとして，弱い全体的統合（weak central coherence）をあげています。全体的統合とは，情報の示す全体像（文脈）から影響を受ける程度のことを意味します。強い全体的統合とは，情報の全体像（文脈）からの影響を強く受ける認知特性であり，弱い全体的統合とは，全体よりも部分（構成要素）により強く影響を受ける認知特性のことをさします。

　フリス（Frith, 2003）は，ジグソーパズルを用いた研究を紹介しながら，この認知特性を説明しています。その研究では，自閉スペク

トラム症と定型発達の子どもに対して，絵の描かれた普通のジグソーパズルと絵の描かれていない白いジグソーパズルを完成させる課題を行わせました。その結果は，白いジグソーパズルの課題では，自閉スペクトラム症の子どもが，同じ知的発達水準の定型発達の子どもの成績を大きく上回るというものでした。これは定型発達の人たちがジグソーパズルのピースを組み合わせる際に，描かれている全体像（絵）を手がかりにして，部分（ピース）を統合する形で完成させていく一方で，自閉スペクトラム症の人たちは，全体像を手がかりとせず，部分（ピース）のみに注目してパズルを完成させている可能性を示しています。

　部分的な刺激による影響を強く受けるという認知特性を考慮すると，自閉スペクトラム症に対する学習支援をする場合には，教示内容に直接関係しない刺激などは，その刺激の影響を受けないように，できるだけ排除した環境を用意することが望ましいと考えられます（大井・大六，2013）。

(2) 記憶のタイムスリップ現象

　自閉スペクトラム症の人は，嫌な体験をしているとは思えない場面でも，いきなりパニック（情緒的な混乱状態）を起こすことがあります。このような場合，過去にあった嫌な体験を思い出し，それによりパニックが生じている可能性があると考えられます。このように自閉スペクトラム症の人が，記憶した内容を，あたかも今体験しているかのように感じる特性をタイムスリップ現象（杉山，1994）とよんでいます。自閉スペクトラム症の人が，過度に嫌な体験を積み重ねることがないように，環境の整備をしていくことが重要であると考えられています。

3節　自閉スペクトラム症の心理学が役立つ仕事

　以上述べてきたように，自閉スペクトラム症の人たちは，定型発達の人たちやほかの障害の人たちと大きく異なる特性をもっています。その特性の多くは，見た目だけでは判断できないものです。そのため，間違った理解をされてしまう危険性があります。

自閉スペクトラム症の人たちの心理学を学習することは，その障害特性を正しく理解し，よりよい教育・支援を行ううえで，不可欠なものであると思います。次のような職業を目指す人たちには，必ず自閉スペクトラム症について学習しておいていただきたいと思います。

　まずは，教員を目指す人たちです。特別支援学校や特別支援学級の教員を志す人たちはもちろんですが，通常の学級の教員を志望する人たちも，自閉スペクトラム症をはじめとする発達障害の人たちのもつ特性を十分に理解しておく必要があります。小中学校の通常学級には，発達障害が疑われる児童生徒が6.5％在籍していると推定されています（文部科学省，2012）。通常学級には，1学級に2名程度は発達障害の児童生徒が在籍していることになります。つまり，教員になれば，発達障害の児童生徒を指導する機会が必ずあると考えてよいと思います。

　また福祉関係の仕事を志す人たちも自閉スペクトラム症のことを理解しておく必要があります。さまざまな福祉の分野がありますが，障害児者福祉の分野はもちろんのこと，児童福祉・高齢者などの分野においても，自閉スペクトラム症の人と出会い，支援する可能性は少なくありません。障害特性を十分に理解することによって，支援がうまくいく可能性が高くなると思います。

現場の声 9

特別支援学校（自閉症）教諭

　私が勤める学校は，知的障害を伴う自閉症の幼児児童を対象とした，特別支援学校です。教師の仕事は主に，子どもの興味・関心や得意なことを伸ばし，苦手なことを支援しながら，社会で生きるために必要な力を身につけることができるように，学校教育全体を通して指導することです。

　子どもを指導するにあたってまずすべきことは，子どものことを知り，理解することです。そのためには，知的障害や自閉症といった障害による困難や行動特性を把握するだけでなく，人として成長，発達するための道筋を理解することが欠かせません。これらを理解したうえで，子どもの生活・発達年齢，家庭環境や経験値などをふまえながら「子どもに応じた」指導内容や方法を考えます。この，「子どもに応じた」指導内容や方法を考えることは，最も重要であり，非常に難しいことのひとつだと考えています。なぜなら，知的障害や自閉症と一口にいっても，一人ひとり障害の程度や状態がまったく異なるからです。そのため教師には，「子どもに応じた」指導目標や内容，方法が，はたして適切なのかどうかを，常に自分の指導を振り返って評価し，改善していくことが求められます。

　その際，重要となるのが，ある授業（活動）で見られる子どもの行動に対して「できた（できなかった）」と単純な行動評価で終始するのではなく，「なぜ」できた（できなかった）のか，人的・物的環境，教材・教具の選定，活動展開など，教師側の指導のあり方を見直すことです。

　知的障害を伴う自閉症の子どもたちは，言葉を話す子どもや，作りたい物をイメージして作り上げることができる子どもばかりではありません。言葉や行動，成果物などで，自分の意思や表現したいことを，相手にわかる方法で伝えることが難しい子どもたちであっても，あらゆる活動を通して，感じたことや思ったこと，考えたことなどがあります。そのような，子どもたちの思いや考えをわかろうとする姿勢，感じ取る感性，子どもの

行動の背景を想像する力が、教師には求められます。

　また、子どもの総合的な姿から自分の指導を振り返り、指導内容や方法などを再考するためには、他の視点から見直すことも必要です。そのひとつの方法として、他の教師と子どものことを話すこと、指導について議論することがあげられます。

　私の学校では、1学級6名の子どもに対して、教師3名で指導にあたります。生まれも育ちも異なる、多様な経験とキャリアを積み重ねてきた同僚とともに、日々授業を行っています。なかには、教師間で指導観が合わず、自分の思うように指導することが難しい場合もあると思います。しかし、そこで大事なのは、「目の前にいる子どもにとって、最もよいことは何か」を中心にすえながら、他の教師に相談したり、意見に耳を傾けたりする素直さ、謙虚さが求められます。

　こうして、さまざまな教師と多面的に意見を交わしながら子どもの指導にあたるなかで、子どもがどんな力を身につけてきたのかを家庭と確認することも、教師の仕事をするうえで欠かせません。私の学校では、連絡帳や電話連絡、個別の指導計画の説明時、家庭訪問などの機会を通して、保護者と子どもの成長や現在の課題などを話し合い、共通理解を図ることを大切にしています。

　特に、わが子が障害の診断を受けて間もない幼少期の保護者は、不安や悩みなど、さまざまな思いを抱えています。そんな思いを抱える保護者の表情や話の内容、連絡帳の書き方や内容、服装や身だしなみ、家庭内の状況などから、今、保護者がどのような家庭生活のなかで、子どもと向き合っているのかを把握しながらかかわることが大切です。

　最後に、教師の仕事とは、子どもにとって一番身近な家族の方々とともに、「～のようになってほしい」という子どもに対する願いをもって、一緒に悩み、考え、実践していくことが大切だと思います。

自閉症・情緒障害特別支援学級教諭（1）

● 自閉症・情緒障害特別支援学級とは

　私の勤める自閉症・情緒障害特別支援学級は，1学級当たりの定数が8名の異学年学級です。自閉症またはそれに類するもので特別な支援を必要とする児童が学び，個々の障害の特性に応じた指導を行っています。知的に遅れのない児童が在籍しているので，通常学級と同じ教科書を使用して教科学習を行い，円滑な対人関係を築く方法や生活に必要なルールなどを学習しています。また，児童の実態に応じて保護者と本人の希望を優先しながら，交流学級（通常学級）で授業を受ける機会を多くし，個別や小集団で身につけた力を一斉授業で発揮できるようにしています。

● 自閉症・情緒障害特別支援学級の教員としての取り組み

1) 専門知識や技能を学ぶ

　通常学級の担任であった時は，知能検査結果に基づいて支援をするという場面はほとんどありませんでした。しかし，現在は適切な支援のために，知能検査や心理検査などの結果から個々の特徴を理解し，目の前にいる児童のニーズと照らし合わせながら支援方法を組み立てています。また，定期的に児童の主治医や専門家と面談し，保護者と交流学級担任と一緒に支援の方向性を共通理解する機会をつくっています。小学校の全教科を指導するだけでなく，障害のある児童への教育・心理・医療に関する専門知識と技能が求められる職種といえます。

2) 保護者との信頼関係を築く

　児童の日々のがんばりを，連絡帳や電話・面談で保護者に伝えています。また，個別の支援計画と個別の指導計画は，保護者と共に児童の1年後・10年後の姿を共有しながら，今必要な支援について練り上げます。このように保護者と連携を密にとるのは，保護者と児童の思いを受け止め，共通理解をしていくことが何よりも大切なことだからです。

3) 授業の心得6か条

　授業をするうえでの心得を6か条にまとめています。①指示は簡潔に。②見通しをもたせるために，活動の流れやルールを掲示。③望ましい行動が出たら，即称賛（言葉・拍手・ハイタッチ・シールなど）。④注意引き行動やわがままには取り合わない。⑤情緒が不安定になりそうな児童には，「クールダウンタイム」を与える。⑥やるべき課題が終わったら，残りの時間は好きなことができる「ゆったりタイム」でリラックス。

4) 個に応じた配慮で安心した学校生活

　一日の予定をホワイトボードに書き，見通しをもちながら学校生活が送れるようにしています。さらに予定の変更があるときには，事前に伝えます。大きな音が苦手な児童には，①指で耳を塞ぐ，②耳栓を使う，③先生に伝えてからその場を離れるといった対処方法を教えるなど，少しの配慮や支援で安心した生活を送ることができます。

● 社会性を育てて自立の道へ

　自閉症の子どもたちの好きなことに対する集中力・思考力のすばらしさには，いつも驚かされます。すぐれた力を認めながら，自立するためには欠かせない「心のコントロール力」や「コミュニケーション力」を高めるために，ソーシャルスキルトレーニングを行っています。また，応用行動分析を取り入れ，スモールステップで望ましい行動へと導き，自己肯定感が高められるようにしています。

1) タイマーの活用

　好みの活動からの切り替えが難しい児童には，タイマーを使い「8分と10分のどちらがいいですか」と終わりの時間を選択させてから活動を始めます。自分で決めた時間のため，タイマーをチラチラ見ながら心の折り合いをつける様子がみられます。切り替えができたら即座にほめます。活動を終わりにできないときには，その活動はしばらく行わないようにしています。

2) ミニプログラムの活用

　長い時間じっとしていなければならない入学式・卒業式・集会活動は，苦手なことのひとつです。そこで，見通しをもって最後まで安心して取り組めるように「手作りミニプログラム」を渡しています。項目が終わるごとに，シールを自分で貼りつけます。高学年になると自分でミニプログラムを作成し，シールを貼らなくても見るだけで安心します。「もう，プログラムはいらないよ。安心，安心，大丈夫」という頼もしい声は，次なる私のパワーとなっています。

第7章
学習障害の心理とその支援

活かせる分野

1節　学習障害とは

　クラスの子どもたちのなかに，いわゆる「勉強ができない子ども」は一定程度います。本人はやる気があるにもかかわらず，一部，自分の努力では学習スキルが身につかない子どもはいないでしょうか。たとえば，話していることは年齢相当なのに読む時には「語のまとまりとしてではなく1音ごとに逐次読みになる」「漢字が正確に書けない」「計算に時間がかかる」など部分的にできないところがあるように思われ，習得できることとできないことがアンバランスに思われる子どもです。このような子どもは「学習障害」あるいはその傾向のある子どもかもしれません。これらの子どもたちに対して，「気合いでやれ」「一生懸命，がんばれ」「長い時間勉強をやれ」「勉強すれば，必ずわかるようになる」と言われても，学習スキルの習得は容易にできません。

　さらには，発達障害のなかでも，学習障害だけではなく注意欠如・多動症（あるいは注意欠如・多動性障害）や自閉スペクトラム症が併存している場合もあります。そのため，「勉強に集中できないからできない」や「言外の意味がわからないから，正確に伝わらない」などほかの障害に起因するものがあっても，それも態度や努力不足にみえてしまっている可能性があるのです。小中学校において，知的発達に

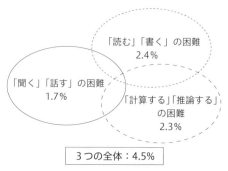

▲図 7-1 通常学級のなかで学習面に著しい困難を示すとされた子どもたち（文部科学省，2012）

遅れはないものの発達障害のある可能性がある児童生徒は 6.5％おり，そのなかで学習面で著しい困難を示すとされた児童生徒の割合はおよそ 4.5％（内訳は「聞く・話す」の困難 1.7％，「読む・書く」の困難 2.4％，「計算する・推論する」の困難 2.3％）（文部科学省，2012）存在することが調査によって明らかとなっています（図 7-1）。

学習障害（Learning Disabilities）は，知的障害のない発達障害のひとつです。教育的な定義は以下のとおりとなります。

> 学習障害とは，基本的には全般的な知的発達に遅れはないが，聞く・話す・読む・書く・計算する又は推論する能力のうち特定のものの習得と使用に著しい困難を示す様々な状態を指すものである。
> 学習障害は，その原因として，中枢神経系に何らかの機能障害があると推定されるが，視覚障害・聴覚障害・知的障害・情緒障害などの障害や，環境的な要因が直接の原因となるものではない。（学習障害及びこれに類似する学習上の困難を有する児童生徒の指導方法に関する調査協力者会議，1999）

この定義の要点は 3 つ，すなわち，①全般的な知的能力水準（レベル）が知的障害の水準（レベル）にはないおよそ IQ70 以上であること，②「聞く・話す・読む・書く・計算する・推論する」という学習スキルの 6 つの領域のなかで，1 つ以上に著しい困難があること，

そして，それらは③環境やその他の障害が原因となっているものではないことです。

学習障害には医学的診断基準もあります。具体的には，世界保健機関の診断基準であるICD-10（WHO, 1992／中根・岡崎，1994）にある「学力の特異的発達障害」（specific developmental disorders of scholastic skills）やアメリカ精神医学会の診断基準である「DSM-5」（APA, 2013）のなかにある「限局性学習障害（Specific Learning Disorders）」というものです。これらでは，「読み」「書き」「算数」の困難に焦点を当てています。

2節　学習障害の心理特性

1. 全般的な特性

本来多くの子どもたちは，図7-2のように全体的知的能力水準に期待される学習スキルが身につくことになります。しかし，学習障害は，全般的な知的能力水準が平均範囲以上あるにもかかわらず，学習スキル1つあるいはそれ以上の領域が身につかなくなります。これは，知的能力を構成する認知能力にアンバランス（図7-2の知的能力の破線部分）があり，学習スキルをうまく身につけられないことによります。期待される学習スキルと実際に獲得された学習スキルの間に統計的に著しい差異があるかどうかを判定する方法を，知的能力とア

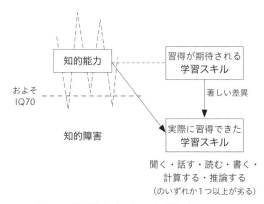

▲図7-2　学習障害（LD）の差異法（Discrepancy Method）による考え方

チーブメントの差異法 (The Discrepancy Method between Interracial Ability and Achievement) といいます。これは，米国で1975年全障害児教育法において学習障害がはじめて法的に支援される対象となった後，すぐに1977年のFederal Registerという連邦官報（1976年を一部修正）において公表されたものであり，その後，多くの州でこのような方法が採用されてきました。

しかし，その州の財政により，著しい差異の判断が州ごとに異なったり，著しい差異がなければ学習障害の子どもとして支援したりできなかったことから，それに代わって，RTI (Response to Intervention) という方法も採用されるようになりました。このRTI（介入に対する反応）は，「アセスメントと介入を統合した取り組み」(Deshler, 2014) と表現しています。基本構成要素には，スクリーニング，経過のモニタリング，データに基づく判断があり，図7-3のように，3層構造になります。まず第1層は，通常の学級での指導ですが，そこで，簡易なアセスメントツールによるスクリーニングを行い，つまずきの予想される子どもには，第2層の的を絞った小集団指導が適用されます。しかし，第2層の指導も適切ではない場合には次の第3層に移ります。第3層は個別指導で手厚く指導・支援が行われますが，この第3層の子どもが結果的に「学習障害のある子ども」となります。これは，2002年に落ちこぼれ防止法（No Child Left Behind Act）が制定され，学校心理士が知能検査をすることを待つまでもなく，普

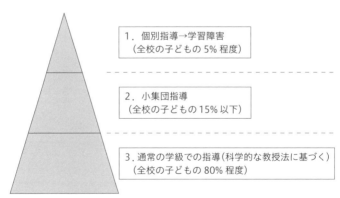

▲図7-3　学習障害（LD）の RTI（Response to Intervention）による考え方（多層予防システム（Deshler, 2014）を含めた図）

段の授業における子どもの反応から,落ちこぼれる子どもがなくなるように科学的に検証された授業を行うこと,常に子どもの学習スキルの獲得状況を客観的に把握することが重要であると考えられるようになり採用された方法です。その後,2010年には個別障害者教育法(Individual with Disabilities Education Act)も制定され,障害のある子どもたちに対する基本的な教育の姿勢が示され,学習障害も,ほかの障害と同じように,日々の学習の進度状況を客観的にモニターしていくというRTIの実施が明記されました。

このように,学習障害の心理特性は,判断も含めて法律の制定も影響してきます。差異法(Discrepancy Method)が否定されたわけではなく,むしろその2つを融合し,通常の学級では科学的根拠に基づいた教授を行い,それでもつまずきの大きい子どもについては知的能力のアンバランスを知能検査で把握し,学習スキルを別に測定して,認知能力のアンバランスがどのような学習スキル獲得の困難に影響しているのかを知ったうえで,集団指導や個別指導を行えるようにすることが望まれます。

2. 認知特性と学習スキルの関係

学習障害を,図7-2の関係を「器とその中に貯める水」という構図としてあてはめて考えてみたのが図7-4です。ここでは,知的能力が「器の高さ」となり,凹凸は,それら認知能力の高さ低さを表しています。そして,容器の中に入る水は,そのような知的能力において習

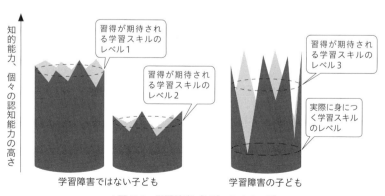

▲図7-4 学習障害(LD)のイメージ

得できる学習スキル，すなわち，文字を読んだり書いたりすること，また計算したり推論したりすることとします。知的能力はいくつかの認知能力により構成されますので，それらの認知能力には多少なりとも高い，低いが存在します。多くの子どもたちでは，個々の認知能力の高い，低いがあってもだいたいその子どもの全体的な知的能力水準に近いために，容器の中に入る水（獲得される学習スキル）はおよそ容器の高さに相当するくらいになります。ところが，学習障害の子どもは，容器の縁のギザギザの低い，高いが極端（個々の認知能力のアンバランスが大きい）で，とても高い認知能力があると同時に，反対にとても低い認知能力があります。低いところが深い結果，この器に入る水は，非常に少なくなってしまうことになります。すなわち，学習スキルの獲得が困難な状態となってしまうのです。

　このような認知能力のアンバランスがあると，「わかる自分」と「それでもできない自分」が混在し，精神的にはかなりのストレスを感じることになります。知的障害ではない発達障害には，ほかに行動の問題が起こりやすい注意欠如・多動症（ADHD）や対人関係のこだわりが強く社会性に問題が起こりやすい自閉スペクトラム症（ASD）もあり，何らかのトラブルが表面化しやすい子どもも多くいます。それらは子どものSOSのサインとしてはわかりやすいのですが，学習障害のみだとSOSのサインがわかりにくく，「あの子は勉強はできないけど騒いだりしないいい子ね」と放っておかれてしまうこともあります。そのようなことがないように気をつけなければなりません。

3．学習スキル獲得の課題

(1)「聞く」「話す」の困難

　幼児期に，音韻が正確に聞き取れず，拗音（「きゃ」「じゅ」のように「ゃ」「ゅ」「ょ」がつくねじる音），促音（詰まる音），長音（のばす音）などの特殊音節や，比較的長い語音の発音が正しく聞き取れないため，「れいぞうこ」を「デーゾーコ」,「たんぽぽ」を「タンポコ」のように正しく発音できないなどの困難があったりします。また，発達しても，1語文（1歳程度），2語文（1歳半〜2歳程度）の理解にとどまり，4語文や5語文（就学時期）の長い文は聞き取るこ

とができなかったり話すことができなかったりする困難があります。これらの要因としては、語音認識やワーキングメモリが弱いことが考えられます。

(2)「読む」「書く」の困難

読んだり、書いたりする行為は、図7-5のように、感覚様式においてインプット－アウトプットで関連性の深い聴覚－音声系、視覚－運動系をまたぐことになります。

すなわち、読むことは「見た文字や語を口頭で言う」という視覚－音声系であり、書くことはさまざまな段階はあるものの「聞いた音を文字にして書く」という聴覚－運動系の情報処理となります。読むルートでは、同時処理能力に関連性が深い「単語というまとまりを処理すること」と継次処理能力に関連性が深い「1文字1文字を音に変えて言う（文字→音変換）」という2つの処理ルートがあります。

書くルートでも、同じように、同時処理能力に関連性が深い「語音というまとまりを処理すること」と継次処理能力に関連性が深い「1音1音を文字に変えて書く（音→文字変換）」という2つの処理ルートがあるわけです。インプット側における音の聴覚的な把持能力が弱いのか、文字や単語を視覚的に把握する能力が弱いのか、または、アウトプット側における単音または語音を正確に言うことに困難があるのか、実際に文字を書く時の運動に困難があるのかによって困難さが

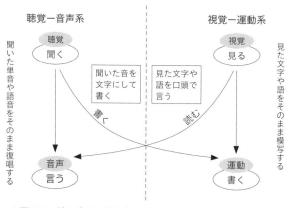

▲図7-5　読み書きの情報処理ルート（Ellis & Young, 1988のモデルより改変）

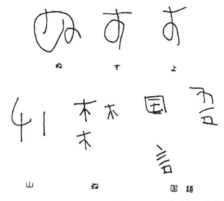

▲図7-6 学習障害事例（8歳男児の文字）：継次処理能力＞同時処理能力（大石，1989）

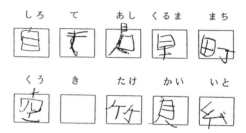

▲図7-7 学習障害事例：継次処理能力＜同時処理能力
（熊谷，1998）

異なります。さらに，継次処理能力が弱いのか，同時処理能力が弱いのかによっても困難さが異なります。

　図7-6は，全般的な知的能力水準は知的障害との境界線（IQ70）にあるのですが，継次処理能力が非常に高い半面，同時処理能力が非常に低いという大きなアンバランスがある男児の文字です。得意な音声言語を用いた「文字書き歌」で指導をしました。文字の部分（部品）はすべて習得できたのですが，位置関係は再現できないことがわかります（大石，1989）。

　図7-7は，全体的な知的能力水準は平均範囲（IQ107）にある小学2年生男児の文字です。全体のおおまかな形態は捉えられているものの，詳細が正確に書けていない事例です（熊谷，1998）。

1. 数処理 （三項関係の成立：数詞，数字，具体物）

2. 数概念 （基数性（数量），序数性）

3. 計算 （暗算：数的事実←記憶 / 筆算：手続き）

4. 数的推論 （文章題：統合過程，プランニング過程）

▲図7-8　算数障害の下位分類として考えるべき要素

(3)「計算する」「推論する」の困難

　計算すること，数学的な推論をすることの困難がある場合は，いわゆる算数障害というものにあたります。算数で考えるべき内容（図7-8）は，1つ目に，「数処理」という「数詞」（音声），「数字」（文字），「具体物」（視覚的で操作可能なもの）という3項関係の相互変換ができているかどうかという段階があります。2つ目は，「数概念」（大きさや量としての数がわかる基数性と順序としての数がわかる序数性）が理解できているのかどうかという段階があります。3つ目は，「計算」です。これは，暗算と筆算に分けて考えます。暗算では，いつまでも手指を使って計算するなど，計算が流暢にできない場合があります。また暗算はできますが，多数桁の数のかけ算など多くの手続きをふまないといけない筆算が困難になる場合があります。4つ目が数的推論，いわゆる「文章題」が解けるかどうかの問題であり，統合過程（言語情報を視覚情報に変換する過程）とプランニング過程（求める数が求められる式にする過程）における問題があります。

4. 知能検査と習得（学力）検査の必要性

　学習障害の心理を理解するためには，知能の個人間差（同じ年齢集団のなかでどのくらいの高さにあるのか）を知ることとともに，個人内差（知的能力を構成する認知能力にアンバランスがあるのか）を知ることが必要です。また，読み書き算数などの学習スキルがどれくらい習得されているのかを知ることも必要です。そのためには，知能検査や学力検査を実施でき，それらの結果を解釈できなければいけません。これは，とても重要なことです。

　知能検査には，知的能力が言語理解，知覚推理（あるいは知覚統

合),ワーキングメモリ(作業記憶),処理速度という4つの因子で構成されているとするWISC-IVやWAIS-IIIなどウェクスラー系の検査があります。また,継次処理能力,同時処理能力を核としてほかの2つの因子も合わせて4つの因子に分けるルリアの知能理論がもとになっているDN-CASとKABC-IIという認知機能検査(いわゆる意味的には知能検査と同じ)があります。さらに,KABC-IIには,内容的に語彙,読み,書き,算数からできている習得検査があります。その他,標準学力検査 NRT(Norm Referenced Test:集団基準準拠検査),CRT(Criterion References Test:目標基準準拠検査)などの学力検査等を実施してその結果を解釈し,子どもの理解につなげます。

3節　学習障害心理学が役立つ仕事

2007年4月からの特別支援教育のもとでは,学習障害等の気になる子どもの担任教師だけではなく,学校全体の責任で,支援ニーズのある子どもたちを支援することになりました。図7-9のように,教諭免許をもち,通常の学校の教師として学習障害のある子どもたちを支援することもできます。また,非常勤の勤務ですが,担任教師のもと

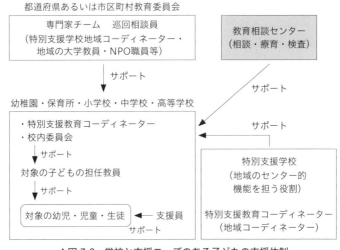

▲図7-9　学校と支援ニーズのある子どもの支援体制

で子どもを支援する特別支援教育支援員（教諭の資格は必須ではない）として配置されたり，心理士などの資格をもち，巡回相談員として通常の学校を巡回したりすることもできます。さらに，特別支援学校にはセンター的機能が追加されましたので，特別支援学校の特別支援教育コーディネーター（地域コーディネーター）として，通常の学校を巡回し，教師や子ども，保護者を支援することもできます。

　加えて，各市町村の教育委員会には，専門家チームが置かれることもあり，巡回相談員が学校をつなぎながら，学校からの専門的な相談に対応する体制もつくられるようになりました。これまでにもあった教育相談センター（名前はそれぞれ地域で異なる）では，知能検査などの心理アセスメントや療育事業が行われ，通常の学校の，通常の学級にいる支援ニーズのある気になる子の支援を行っております。心理士として，教育相談に携わることもできるでしょう。表7-1のように，学校内と学校外の役割に分かれ，さまざまな立場の人が活躍しています。

▼表7-1　具体的なそれぞれの立場の役割（文部科学省，2004などを参考に作成）

通常の学校内		資　格	役　割
1	特別支援教育コーディネーター	教諭	校内における役割 ・校内委員会のための情報収集 ・担任への支援 ・校内研修の企画・運営 外部の関係機関との連絡調整 ・関係機関との情報収集・整理 ・専門機関等への相談をする際の情報収集・連絡調整 ・専門家チーム，巡回相談員との連携 保護者に対する相談窓口
2	（分掌として位置づく）特別支援教育に関する校内委員会	教諭	・支援の必要な子どもに気づく ・支援ニーズのある子どもの実態把握と支援方法の検討 ・個別の教育支援計画の作成 ・個別の指導計画の作成 ・校内研修会を推進 ・専門家チームへの判断を求めるかどうかの検討
3	特別支援教育支援員（非常勤）	特になし	発達障害の児童生徒に対する支援 例）教室を飛び出していく児童生徒に対して，安全確保や居場所の確認を行う 　　読み取りに困難を示す児童生徒に対して黒板の読み上げを行う 　　書くことに困難を示す児童生徒に対してテストの代筆などを行う 　　聞くことに困難を示す児童生徒に対して教員の話を繰り返して聞かせる 　　学用品など自分の持ち物の把握が困難な児童生徒に対して整理場所を教える等の介助を行う
市区町村教育委員会		資　格	役　割
1	巡回相談員（非常勤）	心理士等（現在，民間団体が定めている臨床心理士，学校心理士・臨床発達心理士等）	クラスにおける子どもの観察 例）掲示物（文字，絵（人物画など）） 　　　行動面で目立っていないか 　　　ノートが書けているか 保護者面談（専門家として） ・希望する保護者と面談する ・検査結果の見方や今後について相談にのる
2	専門家チーム（非常勤）	教育委員会の職員　特別支援学級・通級学級担当教諭　通常の学級の教諭　心理士等，医師，福祉関係者等	学校からの申し出に応じて，LD，ADHD，高機能自閉症か否かの判断と対象となる児童生徒への教育的対応について，専門的な意見の提示や助言を行うことを目的として教育委員会に設置されるものである。LD，ADHD，高機能自閉症ではないと判断された場合，あるいは他の障害を併せ有するような場合にも，どのような障害あるいは困難さを有する児童生徒であるかを示し，望ましい教育的対応について専門的な意見を述べる。

特別支援教育士／巡回相談員

● 学校のなかの心理職：巡回相談員

　心理学を学んだ人はさまざまなフィールドで仕事を行います。そのひとつが学校です。学校内の心理専門家というとスクールカウンセラーがすぐに思い浮かぶと思いますが，ここでは巡回相談員の仕事を紹介します。

　校内に支援が必要な子どもがいた場合，校内委員会（支援を必要とする児童生徒のことを検討する学校内の組織）が専門的な助言を求めて，巡回相談を地域の教育委員会に依頼することがあります。依頼を受けて巡回相談員は学校に出向き，行動観察や面談を通して問題の背景となる要因や具体的な対応の方法について学級担任などに助言を行います。このように，ある専門家（巡回相談員）が，別の領域の専門家（教員）へ助言を行うことをコンサルテーションといいますが，巡回相談員は，コンサルテーションを通じて心理教育的な専門性をもつ人的資源として学校教育にかかわっているといえます。

● 巡回相談員に求められる専門性

　学校は，同年齢の子どもたちを同じ集団に所属させて，その年齢の発達段階に見合った教育を行います。しかし，子どもの発達には個々のペースがあり，得意不得意の差（発達の凹凸）もさまざまです。それらの差異が「個性」とよべる範疇であれば特に問題はありませんが，その凹凸が大きく，子ども自身が自分の特性に悩んだり，うまく集団参加できなかったりする場合は支援が必要になります。学習障害は，このような困難さをもつ発達障害のひとつであり，知的障害がないにもかかわらず学習上の特定の分野につまずきが出ます。

　学習障害を含む発達障害の支援には，子どもの特性の理解が不可欠です。むやみに努力を強いるのではなく，困難さの背景を的確に捉えて支援の方針や具体的な指導方略を考える必要があります。これには，心理学の「発達心理学」「認知心理学」「教育心理学」といった分野の知識がおおいに役立ちます。

　たとえば「書くことが苦手で学習に遅れが生じている」という相談内容があったとします。書くことの困難さはひと通りではなく「きゅうきゅうしゃ」と書くつもりで「きうきゃうしや」と書いたり，漢字の形を正確に思い出せず，偏と旁を逆転させて表記してしまったりとさまざまです。前者は耳で捉えた単語を適切に音韻分解（1つずつの音を意識し，分けて認知）することが難しく，後者は，文字の形や構成を正確に捉えることに困

難さをもっている可能性があります。背景となる要因がわかれば、やみくもに反復して覚えさせるのではなく、その子どもの認知の特性に合った指導を工夫することができます。子どもの困難さを理解するために、心理教育的な検査（知能検査、認知能力検査など）を行って検査結果を解釈し実態把握を深めることが求められることもあります。子どもの生活年齢に合った一般的な教授法だけでなく、個々の子どもの特性に合った指導法を考えるとき、心理学の専門性が必要になるのです。

● 異なる領域の職種との協働

　子どもへの支援を行うときに、場合によっては、巡回相談員と教員だけでなく、広く他の立場の専門家の力が必要になることもあります。異なる領域や立場の専門家が、手を携えてチーム体制で支援にあたることが、近年ますます求められてきています。

　このニーズを受けて、教育委員会内の専門家チームの設置率が年々増えてきています（文部科学省、2016）。専門家チームとは、異なる領域の専門家（医師、学識経験者、心理職、福祉職、教員など）から構成され、発達障害などへの適切な教育的対応について専門的な意見を述べる組織です。

　支援の流れとしては、校内の支援が必要な子どもに対して、まず校内委員会が支援のあり方を検討し、必要に応じて巡回相談を依頼します。さらに、より深い専門性や福祉や医療の視点からの検討も必要な場合、専門家チームを活用することになります。専門家チームに含まれる心理職は、巡回相談員のほか、就学相談員、教育相談員などがあげられます。チーム支援のシステムは、地域によってさまざまですが、一例を図としてあげておきます。

　心理学という学問はカウンセリングルームのなかだけで活かされるのではありません。巡回相談員は、支援が必要な子どもや子どもの指導に悩んでいる教員のもとに、問題解決のヒントとなる「心理学」を届ける役割を担っているといえるでしょう。

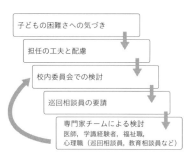

学校における支援のプロセスと巡回相談員の役割

現場の声 12

学校心理士／巡回相談員

● 学校心理士による巡回相談の実際

　現在市区町村では巡回相談事業等において発達支援分野の専門家を学校へ派遣するなど，発達支援・特別支援教育の支援の充実を図り，学校内の資源のひとつとして役割を担っています。

　巡回相談の際，学校から要求される仕事の内容は，①児童生徒の能力と行動の見立てと教員に対する対応方法のアドバイス，②保護者と教員の児童理解のすり合わせの援助，③保護者の発達理解に関する支援，④特別支援に関して「チーム学校」（文部科学省，2015）としての仕組みづくりへのアドバイス，⑤入学や卒業の際の移行の支援が主なものです。

　学校現場での相談は，教員の問題意識の有無に沿って相談が開始するため，各教員の「子どものつまずきに気づく力」によって，どのような児童生徒が巡回相談にあがるかには幅があります。行動面での課題が大きく集団のなかでの過ごしや学びに困難さがある児童生徒の相談や，教員経験のなかで「どうもこの子には課題がありそうだ」と感じ，その違和感が発達的課題によるものなのか確認したいといった見立てに関する相談も多くあがってきます。

　そのようななかで学習障害のある児童生徒がまず本来の課題に気づかれて巡回相談にあがってくることはまれといえます。なぜなら，課題が特異的で部分に限定されていること，また本人はもともとその症状をもって育っているので，対処スキルを身につけていて周囲から見えにくい場合があることなどの理由からです。さらに，できないことを「苦手」「個性」「努力不足」と周囲から評価を受けることも多く，自己肯定感が育ちにくいこともあり，情緒面の課題のある児童生徒と思われている場合もあります。それは学校現場だけではなく家庭においても同じです。

● 学習障害のある児童生徒への指導・支援の実際

　学校心理学では基本的な実践活動のなかで，「子どもと取り巻く環境についての評価」「子どもへの直接的な援助サービス」「子どもにかかわる教員や保護者その他支援者への間接的な援助サービスや組織的なアプローチに対するコンサルテーション」に留意・介入していきます。学習障害があると思われる児童生徒については，他の児童生徒と比べて教員からはつまずきが見えにくくても，現状を評価し「今できること」に沿った支援計画を立て，各職種で役割を分担して予防的にかかわっていくこととなります。

　観察では，個別指導の状況を確保することは学校現場ではかなり困難な

ため，観察では主に授業のなかでの児童の行動や課題などに対する表現を通して情報を収集します。まず必要なことは全般的な認知レベルの確認が必要です。可能であればスクールカウンセラーなどを通して知能検査を行うことで早く適切な支援につなぎます。全般的な認知レベルで遅れがない児童生徒であることが確認できたら，視覚処理・言語処理・聴覚処理の現状を確認します。音韻情報の処理の様子（たとえば，文字と音の対応は可能か），読解の様子，視覚情報の入力の様子，視覚情報の処理の様子，身体バランスや目と手の協応，不器用さなど観察は細部にわたります。読みが苦手なのか，書き写しが苦手なのか，動くものが目で追えないのか，状況がより細かく見えてきたところで，支援の方法を計画します。

　具体的な支援の方法としては，分かち書きにしたり「／」を入れて文を区切る，文字のフォントを変える，行間の工夫，カラー下敷きや黒い定規の使用，読み上げソフトや音声入力ソフトの使用，電子辞書の使用などがあります。さらに児童生徒の学習の促進に向けて朝の会の時間を利用して目の体操や脳トレのプログラムなどを取り入れていくこと，家庭に協力を依頼して目や手の動きについて1日あたりわずかな時間でできる範囲の課題を設定し，練習してもらうことも効果が高いです。

　学校生活を通して児童生徒は成長し自分について知っていきます。そのなかで学習障害のある児童生徒がもつ課題は大きく，困難さも高いと感じます。「できない部分のある自分」に適切に向き合うためには信頼できる大人の助けが必要です。適切な指導と支援を受けて，「努力するとできるようになること」を経験できると，「できないこと」はいろいろあっても自尊感情をそこなわずに自分のよさや力に気づくことができると思われます。「困ったこと」に気づき，自分から相談し，合理的な配慮が受けられるようにコミュニケーションをとることのできる児童生徒を育てるため，学校現場はさらなる支援の工夫を求められています。

第8章
注意欠如・多動症の心理とその支援

1節　注意欠如・多動症とは

　注意欠如・多動症（注意欠如・多動性障害：Attention-Deficit/Hyperactivity Disorder: ADHD）という用語は，アメリカ精神医学会（American Psychiatric Association: APA）による『精神疾患の診断・統計マニュアル第5版（Diagnostic and statistical manual of mental disorders Fifth Edition; DSM-5）』（APA, 2013）に基づいています。このマニュアルは，専門家（わが国では小児科などの医師）が，その人にあるさまざまな症状や状態が疾患として名前のつく状態なのかどうかを診断するときの基準をまとめたものです。同じような診断基準に，世界保健機関（WHO）による診断基準である「国際疾病分類第10版（International Classification of Diseases 10th Edition: ICD-10）」（WHO, 1992）があり，このなかではADHDと同様の状態は多動性障害（Hyperkinetic Disorders）として扱われています。

　DSM-5にあるADHDの診断基準は表8-1のとおりです。このなかにある不注意の9項目，ならびに多動性－衝動性の9項目について，それぞれの行動上の特徴がいくつあてはまるか，それが半年以上続いたことがあるか，その程度が本人あるいは周囲にとって支障があるかなどを専門の医師が確認し，診断がなされます。

▼表 8-1　DSM-5 における注意欠如・多動性障害の診断基準（APA, 2013 より抜粋）

(1) 不注意：以下の症状のうち 6 つ（またはそれ以上）が少なくとも 6 ヶ月持続したことがあり，その程度は発達の水準に不相応で，社会的および学業的/職業的活動に直接，悪影響を及ぼすほどである：
　(a) 学業，仕事，またはその他の活動中に，しばしば綿密に注意することができない，または不注意な間違いをする。
　(b) 課題または遊びの活動中に，しばしば注意を持続することが困難である。
　(c) 直接話しかけられたときに，しばしば聞いていないように見える。
　(d) しばしば指示に従えず，学業，用事，職場での義務をやり遂げることができない。
　(e) 課題や活動を順序立てることがしばしば困難である。
　(f) 精神的努力の持続を要する課題に従事することをしばしば避ける，嫌う，またはいやいや行う。
　(g) 課題や活動に必要なものをしばしばなくしてしまう。
　(h) しばしば外的な刺激によってすぐ気が散ってしまう。
　(i) しばしば日々の活動で忘れっぽい。
(2) 多動性および衝動性：以下の症状のうち 6 つ（またはそれ以上）が少なくとも 6 ヶ月持続したことがあり，その程度は発達の水準に不相応で，社会的および学業的/職業的活動に直接，悪影響を及ぼすほどである：
　(a) しばしば手足をそわそわ動かしたりトントン叩いたりする，またはいすの上でもじもじする。
　(b) 席についていることが求められる場面でしばしば席を離れる。
　(c) 不適切な状況でしばしば走り回ったり高い所へ登ったりする。
　(d) 静かに遊んだり余暇活動につくことがしばしばできない。
　(e) しばしば"じっとしていない"，またはまるで"エンジンで動かされているように"行動する。
　(f) しばしばしゃべりすぎる。
　(g) しばしば質問が終わる前に出し抜いて答え始めてしまう。
　(h) しばしば自分の順番を待つことが困難である。
　(i) しばしば他人を妨害し，邪魔する。

　教育現場では，文部科学省（2003）が，通常の小・中学校に在籍する特別な支援を要する子どもとして，学習障害，高機能自閉症（自閉スペクトラム症）とともに ADHD をあげ，試案ではありますが ADHD の定義が以下のように示されています。

　　年齢あるいは発達に不釣り合いな注意力，及び／又は衝動性，多動性を特徴とする行動の障害で，社会的な活動や学業の機能に支障をきたすものである。また，7 歳以前に現れ，その状態が継続し，中枢神経系に何らかの要因による機能不全があると推定される。

　なお，上で述べた DSM-5 では，限局性学習症（限局性学習障害：

Specific Learning Disorder）や高機能自閉症，アスペルガー症候群を含む自閉スペクトラム症（自閉症スペクトラム障害：Autism Spectrum Disorder）とともに，神経発達症（神経発達障害群：Neurodevelopmental Disorders）に含まれています。

2節　注意欠如・多動症の心理特性

1. 発達経過と心理特性

　子どもは，成長するとともにさまざまな場面で自分をコントロールできるようになっていき，社会のなかで適切に他者とかかわる方法を学んでいきます。いいかえれば，自分の行動を自分でコントロールし，社会のなかで受け入れられるふるまい方を学んでいくといえます。しかし，自分の行動をコントロールすることが難しい子どもの場合，このような学習は妨げられることとなるでしょう。また，うまくいかないことが自分でわかっていても，自分の行動をコントロールすることが難しいことは，感情を不安定にさせたり，自分に自信をもちづらくなったりしていくでしょう。このような特性がADHDを特徴づけるものであるとともに，ADHDのある子どもで二次的に生じやすい問題でもあります。前述した定義とあわせて考えると，ADHDとは，脳の働きが大多数の人たちと比べて異なる点があり，行動面から状態が説明される一方で，その背景に神経発達の問題が想定される発達障害である，といえるでしょう。

　ADHDの状態像は，発達とともに変化していくといえます。乳児期の回顧的な調査では，育てにくかったり逆に手がかからなかったりするため，親子間の結びつきや愛着関係の形成が妨げられやすいことが指摘されています（齊藤・渡部，2008）。また，幼児期早期には典型的な発達の過程にある子どもでも，衝動的だったり，多動であったりと活動性の高さは認められますが，ADHDのある子どもでは多くの場合，これが過剰であるとともに継続して認められることから，養育者の負担も大きくなっていきがちです。

　幼稚園や保育所に通うことを中心に，同世代の子ども集団のなかで生活するようになると，同年代の子どもとかかわりたい気持ちはあっても，衝動性や不注意のために指示が聞けなかったり，本人や周囲に

危害を加えたりといったことが問題となりがちです。運動面での多動，過活動性が集団活動への参加を困難にするとともに，続く学校での生活に必要となる経験やスキルを獲得することも不十分になりがちです。幼児期を通して不注意の問題と衝動性の問題，自己コントロールの問題も気づかれるようになるとともに，まわりからの指示を受け入れないことが続くことで，養育者は，自分の育児能力に自信を失いがちになり，虐待に至る可能性も高いといわれています。そのため，養育者が子どもの特徴を理解し，理解に基づくかかわり方を学ぶ場として，ペアレント・トレーニングが各地の児童相談所や発達センターなどの支援機関で行われています。ペアレント・トレーニングについては，次の「心理特性に基づく支援」のところで述べます。また，保健師などによる子育て支援や，幼稚園・保育所への巡回相談のなかでも，子どもの実態把握と支援について検討がなされるとともに，保護者支援も重要な位置づけがなされています。

　小学校に入学すると，就学前の生活以上に集団のなかでルールを守って活動することが求められるようになるといえます。そわそわしていたり離席してしまったりといった状態像や，宿題や持ち物を忘れる，課題を最後までこなせないといった困難さは，小学校就学前よりも「できることが当たり前」とみなされていくこともあり，苦手さが目立つことが多くなっていきます。子ども本人や保護者が，周囲からの非難や叱責を受けることも多くなる時期といえるでしょう。

　また，学校のなかでは，担任となった教師もクラス内のほかの保護者や周囲の教師から，子どもへの対応について指摘されることが起こりがちです。また，学年が上がるとともにほかの子どもたちとの仲間意識が生まれる時期にうまく仲間集団に入りにくいこと，自分とまわりとの関係を自己評価する時期までに集団場面での失敗，叱責，孤立を繰り返し経験することにより，劣等感や疎外感，低下した自尊感情が起こりがちです。このような状態が不登校，攻撃的行動，反抗的態度に至りやすいこと，周囲が叱責や批判により力ずくで問題を解決しようとしたり，放置したりすることで問題が大きくなるリスクもあるとされます。

　学校現場では，ADHDに限らず学習面や行動面で支援の必要な児童生徒がこのような事態に至ることを防ぐことを中心に，校長が校内

の関係教員の連絡先として，教員のなかから特別支援教育コーディネーターを指名し，校内の関係教員とともに保護者や専門家といった校外の関係者との連携も図りながら個別の教育支援計画の作成・実施・評価（plan-do-see）の流れを継続して行っています。たとえば後ほど支援に関連して述べる薬物療法を受けている子どもの場合，学校での服薬もありうることから，医療機関との連携とともに，学校での服薬による変化の確認，服薬管理については養護教諭の協力を得るなど，校内の支援体制のなかで関係者間の薬物への相互理解を深めることも必要です。

　思春期以降に関しては，児童期にADHDと診断されたものの大部分が成人になってもADHD症状，特に不注意に関する問題は残りがちだといわれています（齊藤・渡部，2008）。この時期まで診断対応がなされない場合を含め，年齢が上がるごとにADHDとしての特徴から生じる問題なのかそうでないのかは学齢期に比べてわかりにくくなっていくといえます。失敗経験の蓄積にも関連して，うつ病などの精神疾患を併せ持つ場合も多いとされています。これらの併存障害とも関連し，子どもへの虐待，交通事故，スピード違反といった成人期の社会的関係，結婚，そして就業についてADHDのない成人よりも大きなリスクをもつことが指摘されています（田中，2009）。

2. 心理特性に基づく支援

　ADHDへの支援は，大きく環境調整と行動修正に大別されます。加えて，医学的な治療としての薬物療法があげられます。

　ADHDのある子どもの心理特性として，待つべき状況を理解できていても待つことが難しい，環境内の複数の情報のなかから必要な情報を選び出して用いることが難しいといったことにまとめることができます。この背景にあるのは，先にも述べたように脳の機能が大多数とは異なることと考えられます。そのため，これらの困難さを本人の努力不足に帰着するのではなく，周囲がその人に本質的な困難さがあることを理解したうえで，状況を理解しやすくすること，行ったことに即時的に結果を返すといった，環境調整の側面からの支援を重視します。そのうえで，本人の自尊心の低下や自己否定といった状態像を軽減することが大きな目的となります。

不注意，衝動性および多動性という基本的な3つの特徴に照らし合わせると，以下に示すような指導・支援が考えられますが，実際にはADHDのある子どもの多くがこの基本的な障害と関連する困難さを併せ持っていることから，それぞれを柔軟に組み合わせた指導・支援となり，個人差が大きいことも特徴です。

　環境調整の側面からは，口頭指示だけでなく見えるものを用いた指示を行うなど，手がかりになるものを工夫したり，少人数での指導で本人に直接指示をしたりすることが考えられます。また，指示には場面や人との間でできるだけ一貫性をもたせることも重要です。そのうえで，子ども自身が自分なりに行動をコントロールできたことを自覚できる機会があることが望ましいといえます。そのような場面では，予定表やがんばり表のようなものを用いて適切な行動が見られた場合にその都度シールなどを与え，一定の数に達すると何らかのごほうびが与えられるようにする方法（トークンエコノミー法）が用いられます。子ども自身に自分の行動をよりよいものにするやり方やコツを考えてもらい，実際に練習してみるといった方法は，認知行動的アプローチとよばれる支援のひとつです。似た方法に，子ども自身が自分の言葉で自分の行動をコントロールできるようになることを目指した自己教示訓練とよばれる方法もあります。

　加えて，保護者に対する訓練も周囲の環境調整という点で重視されてきており，先にも述べたように，国内でも保護者への支援の方法としてペアレント・トレーニングが各地で用いられるようになってきています。ペアレント・トレーニングは少人数の親（保護者）を対象に10回程度のプログラムで構成されます。子どもの行動変容のための方法を学んでもらうことで，子どもの問題解決に効果的に親がかかわってもらうことをねらうとともに，親の養育ストレスの低下やうつ状態の軽減，親子の相互作用の改善にも効果があることが報告されています。

　また，ADHDへの医学的な治療として，薬物療法が有効な場合があります。現在のところADHDの治療薬として承認されているのは，塩酸メチルフェニデート徐放薬（商品名コンサータ）ならびにアトモキセチン（商品名ストラテラ）です。これらの薬物は当初は小児への適用のみが承認されていましたが，現在では成人期に初めて診断

がなされた場合を含め，成人の ADHD 者にも適用が認められています。メチルフェニデートは，脳内のシナプス前神経細胞に放出されたドーパミン，ノルエピネフリンといった神経伝達物質が再び神経細胞に取り込まれるのを一時的に阻害しこれらの神経伝達物質の濃度を高めることで注意力を改善するとされます。徐放薬というのは，メチルフェニデートが体内に吸収されることを遅らせることで，依存形成のリスクを軽減するものとされます。アトモキセチンは，脳内の前頭前皮質や頭頂葉，側頭葉に多く分布するノルアドレナリン神経系においてノルアドレナリンの再取り込みを阻害するものであり，中枢神経刺激薬であるメチルフェニデートとは異なり依存の危険性がないものとされます（宮島・石田，2010）。一方，重篤な場合はほとんどないものの，それぞれの薬物の副作用としてメチルフェニデート徐放薬では食欲減退，体重減少，腹痛，頭痛，不眠などがあげられ，アトモキセチンでは口渇，不眠，吐き気，食欲低下，便秘，めまい，発汗などがあげられます（宮島・石田，2010）。いずれも，医師の処方せんに基づく薬です。

　このほか，ADHD の治療に用いられる薬物には，抗てんかん薬，抗精神病薬，抗うつ薬などがあげられ，高学年以降の衝動性の高まりに対しては予防的に感情安定薬が用いられ，激しい興奮に対して抗精神病薬が用いられる場合もあります。

　なお，これらの薬物療法は周囲が問題行動の減少を期待することよりもむしろ，子ども自身が成功経験を得られる機会が確保でき，それに伴い自己評価や自尊心の向上につながることが目的であることを理解しておくことが重要です。

3節　注意欠如・多動症の心理学が役立つ仕事

　乳幼児期を中心に，保健師や臨床心理士，臨床発達心理士といった発達支援にあたる仕事のなかで，ほかの発達障害とともに理解すべきだと考えられます。

　学齢期は，教員（なかには特別支援教育士や臨床発達心理士，学校心理士といった学会認定資格をもち，より専門性の高い支援対応ができる人もいます）がかかわりの中心です。学校のなかでは通常の学級

の担任のみならず特別支援学級担任や養護教諭といった教員とともに，特別支援教育支援員，スクールカウンセラーなど，教員以外の職種も支援にかかわります。

　青年期以降はハローワークなどの就労支援機関や発達障害者支援センターなどの相談機関などでソーシャルワーカーや社会福祉士といった職種がかかわるとともに，臨床心理士に代表される心理専門職も支援にかかわることが多いといえます。

自閉症・情緒障害特別支援学級教諭（2）
特別支援教育コーディネーターとしての視点から

　特別支援教育コーディネーターとしての経験も交えて，支援を必要とする児童生徒への援助について述べたいと思います。

● 児童生徒への支援
1）特別支援学級に在籍する児童生徒への個に応じた支援
　発達検査の結果や行動面・学習面・生活面などの観察などからアセスメントを実施し支援体制を整えていきます。
　個に応じた支援をするためには，発達検査（WISC-IV，DN-CAS，田中ビネー，K-ABCなど）の読み取りや分析が求められます。障害者心理学では必須のスキルとなってきます。私は，検査法については特別支援学級担当になってから研修会への参加をして身につけてきました（現在も研修中）。客観的に認知発達を捉えられる心理検査を学ぶことは，それぞれの児童生徒の特性理解につながるのでたくさんの事例検討を通して力をつけていくことができるのです。
　特別支援学級に在籍する児童生徒への具体的な指導方法としては，自立活動の時間のなかでSST（ソーシャルスキルトレーニング）を取り入れ社会生活やコミュニケーション能力の向上を図っています。また，個別指導の時間がある場合には，特性に応じた指導法で教科の補充をしたり，個別に日頃の様子やその子の思いを聞いたりして，学校生活がより過ごしやすくなるような支援を心がけています。また学校によっては支援員が配置されている場合があります。支援員に対象児の特性や配慮点を説明し共通理解を図りながら支援していきます。
2）通常学級に在籍する発達障害などがある児童生徒への支援
　特別支援学級に在籍していない児童生徒への支援は，通常学級の担任の先生と連携を図りTT（ティームティーチング：複数の教員が役割を分担

在籍児童の共同作品

SST連続絵カード（発行／エスコアール）

し，協力し合いながら指導する方法。それを行う教員をさす場合もある）として授業に入って支援したり，教育相談をしたりしながら支援しています。

● 通常学級の担任への支援

　近年通常学級のなかで発達障害などのある児童生徒の割合が増加しています。特に注意欠如・多動症傾向にある児童生徒は教室のなかでも目立ち，担任の先生が学級経営や学習指導で悩んでいることが少なくありません。通常学級の担任の悩みを聞くことはもちろん，こちらからも声をかけたり，校内研修や支援会議で発達障害の特性や指導のヒントとなるような資料提供をしたりします。場合によってはケース会議を開いて学校全体で共通理解を図りながら取り組んでいます。

● 保護者への支援

　保護者への支援も特別支援教育コーディネーターとして取り組んでいます。特別支援学級への在籍にかかわらず，通常学級の担任と一緒に面談をしています。検査実施や検査結果の報告をします。家庭で困っていることや保護者が悩んでいることに耳を傾けながら，検査結果をもとに家庭でもできる対応や方法を提案しています。

● 専門機関との連携

　特別な教育的支援を必要とする子どもへの効果的な支援を進めていくためには，学校だけでなく，医療・福祉・教育などの関係機関との連携を図り，必要に応じて専門家の助言を受けるなど多様なアプローチの方法を考えていくことも大切です。私は茨城県の現職研修制度で，半年間にわたり大学で研修する機会がありました。そこでの講義やゼミで得たこと，多くの専門機関とつながりをもつことができたことは大きな財産となりました。大学で最先端の情報や研究を学びながら，現場で子どもたちや先生たちに還元していかねばならないと感じました。

　私の立場からいえることは，大切なのは，障害などのある児童生徒が学校生活をいかに楽しく安心して過ごし，学習できる環境にしていくかということであると思います。そして，保護者や教師に寄り添い，だれもが笑顔で子どもに向き合える環境になるように整えていく役目であると思っています。

児童相談所児童心理司
親子の絆をつなぐ支援

「この子は何度言っても叱られるようなことばかり繰り返して，私もつい怒鳴ってばかりいます。もう毎日叱るのに疲れました。預かってくれる施設はありますか？　正直子どもの顔を見るのもつらいのです……」。

児童相談所では，発達障害などで育てにくさのある子どもをかかえて，このように泣きながら相談されるお母さんも少なくありません。子どものほうも，叱られてばかりの毎日で徐々に自信をなくし，やる気をなくして反抗的になってきたりします。すると，さらに好ましくない行動が増えるので，親（保護者）はもっと強い罰を与えないとわからないのかと考え，罰がエスカレートして虐待になってしまうこともあります。そんな時，親もまた親としての自信をなくし，無力感に陥ります。

このような親子関係の悪循環が止まらないまま思春期になると，家庭内暴力や非行などの問題行動がみられるようになることもあります。叱られ続けて自己肯定感が育っていないことが，「どうせ俺なんか」と突っ張って荒れる子どもたちの背景に見えることも多いのです。

親子関係の悪循環に陥らないように，親子ともども自信を取り戻すために，私は親支援の心理教育プログラムをお勧めしています。

児童相談所や市町村の保健センターなどで実施している「精研式ペアレント・トレーニング（ペアトレ）」は，5〜6人の親がグループで受けるプログラムです。幼児から思春期前の子どもをもつ親自身が，同じような悩みを抱えた仲間と一緒に，子どもへのかかわり方を学んでいきます。

ペアトレでは，まずは子どもの行動を客観的に観察し，3つに分類することを学びます。①増やしたい好ましい行動，②減らしたい好ましくない行動，③止めなくてはならない危険な行動の3つです。

そして，好ましい行動は，当たり前のような小さな行動でもほめていくこと，その効果的なほめ方をロールプレイで演じることで学びます。リーダー役の児童心理司がモデルを見せ，次に参加者がお互いに親役や子ども役になって効果的なほめ方の練習をします。はじめは緊張した面持ちの参加者も，子ども役になってほめられると途端に笑顔がこぼれます。「ほめられるってうれしいものですね。子どもにもやってみようと思います」と感想が述べられます。

習ったことを家で実践する宿題が出され，その結果を次の回で発表してもらいます。私たち児童心理司は，参加者のがんばりをねぎらい，たくさんほめます。そして，グループ全体がお互いに励ましあい，知恵を貸しあい，お互いをほめる雰囲気になるように，配慮しながら進行していきま

す。親自身が認められ，ほめられると，子どもの小さな成功を認めてほめる心の余裕も生まれます。

次には，子どものぐずりなどの好ましくない行動について，注目しないで待ってみることを学びます。叱ることを減らして親子関係の悪循環を防ぎ，よい行動に変わったらほめるのですが，そこまで待つのは忍耐のいることです。次の回でうまくいったことを発表し，みんなから「よく我慢したね，すごい」と称賛され，自信を深めていきます。

子どもたちもほめられることが増え，自信をつけてくると，やる気も出て，親の指示にも協力的になってきます。ますますほめられる好循環です。

プログラムの終わり頃，止めなくてはならない危険な行動への対応を習うときには，多くの参加者が「最近そういう危険な行動はほとんどなくなった」と話してくれます。

最終回には，お茶やお菓子を食べながらお互いのがんばりをねぎらい，感想を話し合います。「前は，怒鳴ってばかりで，叩いたりもしてしまっていた」と打ち明けられ，「私もそうだった」と涙ぐんだり，「今は怒るのが減って気持ちも楽になった」「ほめながらやることで生活もスムーズになった」と話がはずみます。

ペアトレに参加する前「子どもを施設に預けたい」と泣いていたあるお母さんが，ペアトレ修了後にこんなことを話してくれました。「あの時，『私はもう親失格だ。預けたら二度と子どもには会わない』と覚悟していました。今は子どもをかわいいと思えるし，やっていける自信がもてました」と。

切れそうだった親子の絆を取り戻す手伝いができたことは，とても幸せなことでした。

第9章

情緒障害の心理とその支援

活かせる分野

1節　情緒障害とは

　みなさんは，どんな子ども時代を過ごしましたか？　こんなことを聞かれて，とても幸せで楽しい記憶がよみがえる人と，にがい気持ちとともに忘れたい記憶を思い出してしまった人がいるかもしれません。多くの大人たちは，子どもたちが子ども時代を楽しく過ごすことを望んでいます。しかし，私たちはそうでない子どもたちも存在していることをすでに知っています。

　小学校から高校までのクラスやクラスメイトのことを思い出せば，学校に来られない人や人前で話すことが苦手な人，毎日トラブルを起こしている人，いつも人の顔色ばかりうかがう人，いろいろなことでみんなが悩んだり，苦しんだりしている姿を見てきたはずです。そのような状況になった理由は人それぞれですが，このような人たちに共通していることは，情緒のなかでも不安や恐怖を強く感じ，そのためうまく人とかかわるとか，家や学校などでうまく過ごせなくなっているということです。情緒障害（emotional disturbance）はこういった状況の延長線上にあるといえます。

　障害と聞くと，なんだか遠いところの話だと感じたり，障害の言葉が強すぎて，自分の思い込みで考えたりしがちです。しかし，正しい定義を知ることは，思い込みや誤解をなくすためにとても必要なこと

ですから，少し情緒障害の定義についてお話しします。

文部科学省（2013a）は，「教育支援資料」において「情緒障害とは，状況に合わない感情・気分が持続し，不適切な行動が引き起こされ，それらを自分の意思ではコントロールできないことが継続し，学校生活や社会生活に適応できなくなる状態」と示しています。

大事なポイントは，①必要以上に強い感情や気分が続くため，さまざまな行動が引き起こされること，②そしてその行動は自分ではコントロールできないこと，③その結果として学校生活や社会生活がうまくいかなくなることです。自分のことが自分でコントロールできないという苦しみがイメージできれば，情緒障害のある子どもたちを，甘えているとか，わがままだとか，怠けているとか，そういった偏った目で見る人もいなくなるのではないかと思います。

2節　情緒障害のある子どもの心理特性

情緒障害はとても幅広い概念です。したがって，1つの症状を示す子どもたちだけがこのグループに入っているわけではありません。文部科学省（2013a）は，情緒障害の対象となる子どもの示す行動として，選択性かん黙，不登校，チック，他人への攻撃や自傷行為といったものをあげています。文部科学省（2013b）では，「主として心理的な要因による選択性かん黙等があるもので，社会生活への適応が困難である程度のもの」を自閉症・情緒障害特別支援学級の対象としていますから，最近では選択性かん黙の子どもたちへの心理教育的な支援を行っていくことが重要な課題になっています。加えて，情緒障害に関連して従来から大きな課題であるのは不登校です。そこで，この節では選択性かん黙と不登校の子どもたちを中心に情緒障害のある子どもたちについて考えていきたいと思います。

1. 選択性かん黙

(1) 選択性かん黙の子どもたち

選択性かん黙の子どもたちは，自分の家では普通におしゃべりするのに，幼稚園や学校などの社会的場面では話すことができなくなります。選択性かん黙のほかに，場面かん黙ともよばれることがありま

す。

　バーグマンらは，このような子どもたちはおおよそ0.7％ほど存在していると報告しています（Bergman et al., 2008）。800人以上の児童が在籍する規模の小学校であれば，1年生から6年生まで各学年に1人は選択性かん黙の子どもがいることになります。

　選択性かん黙の子どもたちの症状について考えるとき，思い出していただきたいことは情緒障害の定義です。この定義の大事なポイントの1つに「自分でコントロールできない」ことをあげました。選択性かん黙の子どもたちも同様です。選択性かん黙の子どもたちは「話さない」のではなく，話したくても「話せない」状況にあります。そして，どうして話せないのか，子ども自身にもわかりません。それでもこのような子どもたちは，みんなのように話したいといつも願っているのです。

（2）選択性かん黙の原因

　なぜ選択性かん黙になるのか詳しくはわかっていません。ある1つの原因で起こるというよりもさまざまな背景のもと起きると考えられています（小野，2014）。また，子どもによっても影響している背景に違いがありますが，選択性かん黙の子どもの共通項として不安を感じやすい，行動を抑制しがちという気質があるようです（Dow et al., 1995）。このような気質とはもともともって生まれてきたものですから，それ自体は個性といえます。ですから不安を感じやすいことがすぐさま障害だというわけではありません。

　選択性かん黙の発症のプロセスの仮説について，かんもくネット（2008）が次のようにわかりやすく説明しています（図9-1）。不安になりやすい気質や言葉の発達がゆっくりしているなどの神経生物学

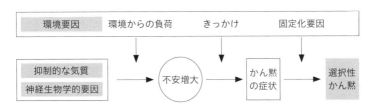

▲図9-1　選択性かん黙の発症のプロセス（かんもくネット，2008を改変）

的要因がある状況で，入学や引越しという環境からの負荷により不安が非常に大きくなると，あるきっかけから喉の筋肉が緊張し，かん黙の症状が現れます。そして黙っていると不安が一時的に少しだけ軽減されるので，そのような症状が固定化されて選択性かん黙への発症につながると考えられているのです。

(3) 選択性かん黙の子どもたちとのかかわり

これまで選択性かん黙の子どもたちは，人に迷惑をかけるわけではないので，子ども自身は困っていても，それを理解し，子どもが楽しく学校生活を送るためにどのような工夫が必要か考えることのできる専門家は少ない状況でした。しかし，ここ最近では選択性かん黙に対する研究と実践が進んできています。海外では米国のSMartセンター（選択性かん黙・不安研究治療センター）や英国のSMIRA（選択性かん黙情報研究協会），日本ではかんもくネットによる研究実践の知見が社会に広まり始めています。

選択性かん黙の子どもたちに対して，どうしても「話す」か「話さない」かに目がいきがちです。しかし，私たちにまず求められているのは，このような子どもたちがどんなことや場面で不安を感じているのか，もしくは安心できるのか理解をすることです。スモールステップで不安のない場面から始めることが肝要で，一緒に活動するなかで子どもどうしや先生と楽しみを共有し，助けたり，助け合ったりする経験を安心して積み重ねることが大事です。このような安心して活動できたという小さな経験が重なることで，子どもの不安は軽減し，自分自身の課題に取り組みやすくなっていきます。

2．不登校

(1) 不登校の子どもたち

文部科学省（2016a）は，2014（平成26）年度「児童生徒の問題行動等生徒指導上の諸問題に関する調査」において，小学校における不登校の割合は0.39％，中学校における不登校の割合は2.76％と報告しています。ちなみに2004（平成16）年度からは高校に対しても不登校の割合を調査しており，先ほどの調査結果では高校生の不登校の割合は1.59％でした。依然として不登校の子どもたちは多く，

特に中学校の不登校の多さが目立ちます。

　この調査では,「年度間に連続又は断続して30日以上欠席した児童生徒のうち,何らかの心理的,情緒的,身体的,あるいは社会的要因・背景により,児童生徒が登校しないあるいはしたくともできない状況にある（ただし,「病気」や「経済的な理由」によるものを除く。）」子どもたちを「不登校」と定義しています。だから,不登校は学校にまったく行っていない子どもたちだけを対象にしているわけではなく,学校に来たり来なかったりしていて一定程度の期間で欠席している子どもも対象になっています。

(2) 不登校の原因
　「不登校に関する実態調査―平成18年度不登校生徒に関する追跡調査報告書―」（文部科学省,2014）では,実際に不登校だった人たちに学校を休み始めたきっかけについて尋ね,その結果を報告しています。学校を休み始めたきっかけとして上位にあがった項目は,「友人との関係」が52.9％,「生活の乱れ」34.2％,「勉強がわからない」31.2％,「先生との関係」26.2％,「クラブや部活動の友人・先輩との関係」22.8％でした。

　学校を休み始めたきっかけとして,ほかにも多くの項目（たとえば学級になじめなかった,病気,親との関係など）があがっていますし,またこれは複数回答していいものなので,不登校になった原因は人それぞれ多様であること,また1つの原因だけでなく,複数のきっかけが重なっていることに注意する必要があります。さらにこの調査では,学校生活上の問題やその影響に関する項目が高く,特に友人関係や先生との関係といった学校内の人間関係から派生する問題をきっかけとすることが目立つと指摘しています。

　一方,不登校が継続した理由としては,「無気力でなんとなく学校へ行かなかったため」43.6％,「学校へ行こうという気持ちはあるが,身体の調子が悪いと感じたり,ぼんやりとした不安があったりしたため」42.9％,「いやがらせやいじめをする生徒の存在や,友人との人間関係のため」40.6％,「朝起きられないなど生活リズムが乱れていたため」33.5％,「勉強についていけなかったため」26.9％（文部科学省,2014）が上位にあがっています。このように不登校のきっ

かけとは別の要因で，不登校が継続することがわかっています。

(3) 不登校の子どもたちとのかかわり

これまでお話ししたように，子どもたちが不登校になるきっかけはいろいろですし，たいてい理由も1つではありません。それまでなんとか学校生活を送っていた子どもも，複数の問題が重なるとひとりで解決することが難しくなるのです。不登校の子どもたちのニーズに合ったかかわりをするには，不登校になったきっかけやそれが継続している要因についてきちんと個別に調査し，子ども一人ひとりに合った方法をみんなで考える必要があります。みんなというのは，その子ども自身や学校のクラスメイト，教師，スクールカウンセラー，保護者，外部の専門家，地域の人たちなどです。子どもによっては，クラス運営にかかわる問題を解決することが必要ですし，学習方法を検討することもあります。不登校を子どもの個人的な問題として扱うのではなく，学校全体の問題として心理教育的に相談できる，支援できるつながりをつくる必要があるのです。

学校は友達と出会い，楽しく一緒に活動し，教師に新しいことを教えてもらったり，ほめられたりと子どもにとってすばらしい場所です。しかし，一方で集団性が強く強調されたり，画一的であったり，人間関係が複雑で不安や緊張を伴う場面も多い場所です。これまで子どもたちが学校に適応するために指導や支援が行われてきましたが，最近では逆に学校が子どもたちに適応し，変化する試みが始まっています。実際に不登校の子どもたちに合わせた学校が複数誕生していますし，そのような取り組みが広がり，子どものニーズに応えられる多様性ある存在になることが学校に望まれていると思います。

3節　情緒障害心理学が役立つ仕事

情緒障害の心理学が役立つ仕事としては，教育分野では子どもや保護者のカウンセリングを担うスクールカウンセラーがいます。医療分野では子どもの発達についてアセスメントし，心理的な支援を行うために小児精神科で心理士が働いています。福祉分野では，子どもや家

庭の調査・指導を行う児童相談所や，集団生活のなかで子どもに心理的な治療・支援を行う情緒障害児短期治療施設で心理士が活躍しています。

スクールカウンセラー

現場の声 15

● スクールカウンセラーの仕事

スクールカウンセラーは，都道府県もしくは市区町村の教育委員会に所属し，各学校に配置されます。普段は不登校や友達関係，学校での悩みごとについて児童生徒の相談を受けています。また，子どもたちだけでなく，保護者の相談も担当しています。

相談時間以外では，配置された学校の教師との話し合いや校内委員会への出席などがあり，子どもたちや保護者のニーズに応えるために，教師と協力して仕事を進めています。スクールカウンセラーは，相談を受けることができればいいのではなく，同じ職場の教師と連携する力も必要です。スクールカウンセラーの一日の仕事の流れを例として表にしましたので，参照ください。

スクールカウンセラーの一日	
9:00	生徒指導の先生と打ち合わせ
9:30	保護者の相談
11:00	保護者の相談
12:15	相談の記録をつける
12:30	昼休み自由相談 （子どもたちが気軽に相談室に来ます）
13:30	別室登校の生徒との相談
14:45	相談室だよりの記事を書く
15:00	養護教諭との話し合い
15:30	生徒の相談
16:30	校内委員会への出席
17:30	日誌を書く

● スクールカウンセラーと心理学との関係

スクールカウンセラーは，闇雲に人の話を聞いたり，助言したりする仕事ではなく，心理学の知見をもとにその技術を発揮します。たとえば「傾聴」ですが，これはただ話を聞いているだけではありません。カウンセラーのみなさんに聞くと，子どもたちが話している間は，実はカウンセラーの頭の中はフル回転しているとよくいわれます。相手が何を話してい

るのか適切に理解し，またわかりにくいところについては質問し，話を整理するお手伝いをするために多くのことを同時に頭の中で行っているのです。このあたりのことは「臨床心理学」や「心理療法」「カウンセリング」といった心理学の科目で勉強できます。

　他にも人はどのような過程を経て物事を認知するのか，情報の処理をするのかという「認知心理学」「学習心理学」などの基礎的な心理学を体得していることで，より深く子どもたちの気持ちが理解できます。さらに，スクールカウンセラーは学校に在籍する児童生徒がクライエントになりますので，子どもたちの発達を扱う「発達心理学」や学校の心理教育的な課題を扱う「学校心理学」についても知っている必要があります。

● スクールカウンセリングを行ううえで大切なこと，難しいこと ─────
　スクールカウンセリングをするうえで大切なことは，継続してしっかり心理学の知識と技術を研鑽することです。カウンセリング技術は日進月歩ですから，スクールカウンセラーになった後もさまざまな研修会に参加していきます。そういった研修会は自分の腕を磨くだけでなく，スクールカウンセラーどうしが交流できる場でもあります。そこでは新たな知見や情報が共有でき，大きな強みや励みになります。

　それともう1つ大事なことは，ヒューマンサービスを担う者としての理念をもつことです。相談しに来る人たちは「相談する」という時点で，すでに問題を解決しようと積極的に動いた人たちです。たまたま現在はいろいろな問題が重なって困った状態になっていますが，カウンセラーなどのソーシャルリソースを使って問題解決ができる人たちです。子どもたちの喜びも悲しみも子どもたちのもので，そういった経験を傾聴しながら，子どもの主体性を尊重し，子ども一人ひとりに合った支援方法について検討することが必要です。子どもたちが自分の力で問題に向き合い，解決していくための手助けを担う仕事として，黒子や裏方のようなスタンスをもつことが大切だと感じています。

臨床心理士
不登校・かん黙症に対する小児科の臨床

　ここでは，小児科のクリニック（医院）や病院で働く臨床心理士がどのように不登校やかん黙症の子どもたちと接しているのか紹介します。

　不登校やかん黙症は，学校という環境で問題となるので，最初の対応はスクールカウンセラーが行う場合が多いです。スクールカウンセラーは本人や保護者と話すなかで，何が登校の妨げになっているのか，困っていることは何かと寄り添い話を聞いたうえで，教師と連携したり，環境調整を行ったり，別室登校や適応指導教室を提案したりするかかわりを行います。

　その時にその場に子ども本人が来談できればよいですが，学校へ来ることそのものが難しい場合も多いです。また本人が自分の気持ちや思いなどを明確にできない場合もあります。医療的な対応が必要な場合もあり，そのようなときに小児科を紹介されて来談することになります。

　そうやって来院した不登校やかん黙の子どもはなかなか話すことができにくいことが多いです。そうした彼らの気持ちを表現する場として，また診察以外の治療的な場として，小児科のカウンセリングがあります。不登校やかん黙の彼らは学校には行けないけれど（学校で話すことはできないけれど），病院にだったら行けるかもしれないという期待や，学校について何か言われるのではないかという不安をもって来談します。時には来てみたら病院だったと拒否的な気持ちになっているときもあります。

　そのような子どもにカウンセリングを始めるにあたって，彼らの緊張や不安を解きほぐすことが必要となります。多くの子どもは話すことが苦手なので，遊び（遊戯療法）や絵を描くこと（描画療法）を通して，また好きなことやものについて話すなかで，安心してカウンセラーと過ごせる状況をつくることが始まりになります（信頼感の形成・治療関係の形成）。

　そこから自分の気持ちをしだいに表現していけるようにしていきます。あわせて彼らが楽に気持ちを表現できる方法についても一緒に考えていけるようにします。子どものなかには，体を動かしている時のほうが声を出しやすかったり，話をしやすかったりする子もいます。また紙に書いて伝えることで安心して話ができる子もいます。それらの自分の気持ちが表現しやすいものを使って，気持ちを表現するという体験をします。そこからカウンセリング以外の場面でも自分の気持ちを表現することができるように支援します。

　彼らも中学・高校になると，話すことは苦手だけれども，友人がほしいという気持ちが出てくることが多く，そのようなときには同年代の人とコミュニケーションをとる手段を一緒に考えていくことも併せて行います。

不登校やかん黙の子どもの場合，多くは会話といった即時的なコミュニケーションが苦手です。したがってメールやSNSメッセージなど自分の発言や相手の発言を視覚的に確かめることができるものを使いながら，興味関心が似ている人とのつながりをつくっていく場合が多くなります。漫画やアイドルなど好きなものを通して自分を表現したり，コミュニケーションや観察を通して他者のことを知ったりするなかで，コミュニケーションをする楽しみや集団への所属感をもつことができるように，一緒に考えていくことが支援の中心となります。高校生の不登校の場合は，転学や高校以降の進路について，彼らの思いや適性を一緒に考えていくこともあります。

　かん黙は，幼児期・小学校低学年から始まって，青年期や成人になるまでの間といった長い経過をたどることが多いです。カウンセリングのはじめの頃は，話ができない場面は学校などの社会的な場面であって，家庭では話をするので，家族や本人も問題がないと思ったりすることがあります。カウンセリングは話す場ですので，それがストレスになったりするために，時として治療が中断される場合もあります。しかし中学生や高校生になり，話をしないといけない状況になった時に，子どもの希望によりカウンセリングが再開されることがあります。

　小学生と高校生では求められるコミュニケーションの質が大きく違うので，彼らの成長に合わせながら長いかかわり・支援が求められます。そのような長い支援の提供の場として小児科の臨床があります。

　また，多くの場合保護者と子どもの並行面接を行っています。それは子どもの心理的な支援だけでなく，保護者にも心理的な支援を行うことで，子どもの情報について共有できますし，保護者が家庭でどのように子どもとかかわっていくのがよいのかについて考えたりできるからです。また，子どもについて話すなかで保護者自らが子どものよいところや可能性に気が付くことがあります。子どもの育つ力を支える基盤をつくることがカウンセリングの大きな目標となっています。

第10章

肢体不自由の心理とその支援

活かせる分野

1節　肢体不自由とは

　肢体不自由（Physical Disabilities）についてはさまざまな定義があります。わが国では，文部科学省の定義と厚生労働省の定義があります。文部科学省の定義では，「肢体不自由とは，身体の動きに関する器官が，病気やけがで損なわれ，歩行や筆記などの日常生活動作が困難な状態をいう。肢体不自由の程度は，一人一人異なっているため，その把握に当たっては，学習上又は生活上どのような困難があるのか，それは補助的手段の活用によってどの程度軽減されるのか，といった観点から行うことが必要である。」（文部科学省，2013）となっています。

　一方，厚生労働省では，身体障害者福祉法（最終改正：平成26年6月13日）の第四条に，「この法律において，「身体障害者」とは，別表に掲げる身体上の障害がある十八歳以上の者であつて，都道府県知事から身体障害者手帳の交付を受けたものをいう。」とあります。この別表の肢体不自由の内容は，次のものです。「1　一上肢，一下肢又は体幹の機能の著しい障害で，永続するもの；2　一上肢のおや指を指骨間関節以上で欠くもの又はひとさし指を含めて一上肢の二指以上をそれぞれ第一指骨間関節以上で欠くもの；3　一下肢をリスフラン関節以上で欠くもの；4　両下肢のすべての指を欠くもの；5　一上

肢のおや指の機能の著しい障害又はひとさし指を含めて一上肢の三指以上の機能の著しい障害で，永続するもの；6　1から5までに掲げるもののほか，その程度が1から5までに掲げる障害の程度以上であると認められる障害」。

2節　肢体不自由の心理特性
1. 先天性の肢体不自由の場合
(1) 脳性麻痺

　先天性の肢体不自由のなかで最も多い疾患である脳性麻痺について述べます。脳性麻痺とは，1968年の厚生省脳性麻痺研究班会議の定義では「受胎から新生児期（生後4週以内）までの間に生じた脳の非進行性病変に基づく，永続的なしかし変化しうる運動および姿勢の異常である。進行性疾患や一過性の運動障害，または将来正常化するであろうと思われる運動発達遅滞は除外する。」とされています（日本リハビリテーション医学会，2014）。脳形成早期の病変のために肢体不自由に加えて，後述するようにさまざまな障害が随伴することが少なくありません。脳性麻痺の原因は，医療の進歩とともに変化してきています。現在では，低出生体重に伴う脳室周囲白質軟化（PVL）による痙性両麻痺，脳の形成異常や発育障害による重度の四肢麻痺が多いようです。このほか，新生児仮死，胎生期での頭蓋内出血，新生児の脳炎・髄膜炎の後遺症などもあります。

　脳性麻痺の代表的な病型として痙直型（spastic type）とアテトーゼ型（athetosic type）があります。痙直型は皮質脊髄路系の損傷によるもので，身体につっぱりが発現し，膝蓋腱反射亢進，足クローヌスの存在，抗重力筋の伸張反射の亢進などの症状を特徴とします。アテトーゼ型は大脳基底核などの損傷によるもので，意図する運動を行おうとするとき，それに反して不随意運動が出現するタイプであり，不随意運動型とよばれることもあります。この2つのタイプのほか，伸張反射が特殊な形で亢進した強剛型（rigidity），小脳・脳幹の損傷によって，主として平衡機能が障害された失調型（ataxia），2つ以上の病型が混在している混合型（mixed）があります。

　先にも述べたように脳性麻痺はさまざまな随伴障害を伴っているこ

とが多いです。重度の脳性麻痺の場合，栄養障害，呼吸障害，摂食機能障害などの健康・体力面の障害もあります。知的障害は，脳性麻痺のおよそ7割にあるといわれています。その程度は，重度から軽度までさまざまです。てんかんは，約半数近くに認められるという報告もあります。言語障害は，発声・発語器官の運動障害と知的発達の遅れに伴う言語発達の遅滞があります。視覚障害は，屈折異常の割合が高く，斜視，眼振のあることが多いです。また，固視障害，上方視麻痺などが認められる場合もあります。聴覚障害は，新生児重症核黄疸後遺症によるアテトーゼ型では難聴が必発します。PVLによる痙性両麻痺の場合は，視知覚障害があります。

（2）肢体不自由が認知発達に及ぼす影響
①初期の認知発達に及ぼす影響

　初期の認知発達は運動発達に支えられており，物を操作することで，姿勢がより安定し，上肢の運動もより洗練されたものとなっていきます。それにより認知発達が進み，それによってさらに運動発達も進んでいくという，認知発達と運動発達の相互作用があります。ところが，脳性麻痺の場合などは，反射・反応の発達が不十分であり，筋緊張が亢進するため，安定した座位や，円滑な上肢の運動が著しく制限され，そのため能動的な視覚探索と手の使用が困難なものとなり，認知発達が大きく阻害されることもあります。

②移動運動の制限が認知発達に及ぼす影響

　移動運動の制限も認知発達に好ましくない影響を及ぼします。移動運動は，首すわり，肘立て，腕立て，寝返り，腹這い，四つ這い，つかまり立ち，つたい歩き，ひとり立ち，独歩と発達していきます。乳児は腹這いを獲得した頃には，目で見て興味ある物へと移動していき働きかけることができるようになります。さらに運動発達が進めば行動範囲は広がり，より多くの知識を得るようになります。移動運動の制限は，この機会をかなり制約してしまいます。歩行が獲得されない場合には，ほとんどの場合，自分の意思で自由に移動することが難しく，屋外においてさまざまな探索をすることができなくなります。この状態で成長していくと同年齢の子どもたちと比べて，物事に対する直接経験が著しく少なくなります。このような事態を避けるために

は，早期より直接経験や間接経験で，さまざまな経験を与えることが必要です。

③脳性疾患による肢体不自由にみられる認知の障害

低出生体重児の場合にみられるPVLによる痙直脳性麻痺では，視知覚にも障害が認められます。特にWISC-IVの積み木模様や組み合わせなどの下位検査の成績が低く，学習面では文字の読み，図形の把握をはじめさまざまなところで見えにくさが生じます。

(3) 肢体不自由児の発達上の課題

①コミュニケーションの問題

脳性麻痺児の50～70％が，次に述べるような，何らかの問題を言語にもっているといわれています。発語は，口唇，舌，軟口蓋，咽頭などの構音器官の形を変化させ，語音をつくり出すことですが，これら発声発語器官の運動が妨げられ，発語機能の発達が阻害され，音声言語の不使用，あるいは音声言語の明瞭度や流暢さが低い発語にとどまることがあります。対人接触の機会とその内容が制限されるため，多様なコミュニケーション手段の使用や，さまざまな場面や人に適したコミュニケーション技能が未熟になりやすくなります。これは，周囲の人々の対処の仕方によって二次的につくられてしまうことが多々あります。

②学力の課題

通常の学級に在籍する肢体不自由児では，体育，図画工作，音楽などの学習は，特別な配慮が必要であることは，すぐに理解することができます。一方，国語や算数などは特別な配慮が行われず，授業が行われていることが多くあります。板書をノートに写すことをはじめ，文章を書くことなど，上肢に障害があるためにクラスメートよりも時間を費やすことになり，一定時間で終わる授業中に十分学習できないこともあります。特に算数の計算では，小学校1年生程度のものなら暗算で対処していても，繰り上がりや筆算が必要となると，上肢に障害がある場合，大きな困難を伴います。図形に線を引きながら考える問題などは，線が引けないために適切に思考することができません。つまり，上肢の使用が困難なことから，思考の流れが成り立ちにくくなってしまいます。

脳性麻痺児では，先に述べた視知覚認知の障害に加え，脳損傷性障害児に多く認められる行動特性のため，学習に十分に取り組めないことも多いです。それらは，最初の刺激に対する反応が遅延された残存効果となり，次の場面や事項に移行することが困難な固執性，その環境にある特定の相性に注意を集中することが困難で，不必要な刺激に反応してしまう転導性，運動や行動を抑制することが困難である抑制困難などです。これらの特性が認められる場合は，教材教具，指導順序，学習環境などに特別の配慮または指導方法が必要になってきます。

③社会性の発達の課題

　社会性が十分に発達していくためには，乳幼児期において養育者との間で十分な愛情と信頼が形成されなければならず，また遊びを通しての集団への参加がなくてはなりません。この段階で肢体不自由児は，さまざまな困難に出会うことになります。養育者の働きかけに対して肢体不自由児の反応が十分でない場合，養育者の働きかけが不十分となる傾向が指摘されています。遊びを通して集団に参加するときも，上肢の機能や移動能力に制限がある場合，ただ参加させればなんとかなるというものではなく，これらの制限が最小限となる場面設定などを行う必要があります。

　肢体不自由児の多くは乳幼児期から学齢期に至るまで養育者の介助を受けることが多くなります。ひとりで行える段階になってもなお大人による介助が当たり前になっていることがよくみられます。これは，社会性の発達を大きく阻害します。1つには，当然できるであろう技能を身につけないまま成人になること，もう1つは，介助されるために，自分が決定して行動するという経験が日常生活のなかで限られたものとなってしまうということです。

　肢体不自由による移動能力の制限は，社会生活能力の発達を大きく阻害します。友達と遊ぶこと，買い物をすることなど，移動能力の制限のために同年齢の子どもたちに比べ，かなり経験が少なくなります。ひとりで外出すること，バスに乗ること，電車に乗ること，これらのことが，本人が非常に努力しても十分には経験できません。社会生活をおくるうえで，必要とされる技能が獲得できない状態を余儀なくされ，成人に達することになってしまうこともあります。

2．中途障害の場合

(1) さまざまな中途障害

　肢体不自由ということで身体障害者手帳の交付を受けている人はおおよそ300万人弱といわれています。さらにこのうち約8割が中途障害であると考えられます。障害の状態も日常生活に大きな支障がない場合から，息をすることや食べることも自発的には困難である非常に重症な場合までさまざまあります。中途障害の原因で比較的多いものは，脳出血，脳梗塞，くも膜下出血などの脳血管障害です。大脳の右半球の損傷の場合は，身体の左側に麻痺が生じ，同時に失行，失認，半側空間無視などの機能障害を随伴することがあります。左半球の損傷の場合は，右半身に麻痺が生じ，同時に失語症を伴うことが多いです。

　高齢になると骨粗しょう症や変形性膝関節症などの骨関節疾患になることが多く，日常生活動作や歩行に大きく支障が出てきます。リウマチ性の疾患も身体の痛みから運動や行動が制限されていきます。

　脊髄損傷では，損傷を受けたところから下側に麻痺が生じます。したがって，頸椎の損傷では首から下が，胸椎の損傷だと胸から下が，腰椎の損傷だと腰から下が麻痺します。ここでいう麻痺とは，脳からの命令が伝わらないことと，麻痺したところから感覚が脳に伝わらないことを意味します。ほとんどの場合で，排泄障害があります。自律神経系も損傷されるため，汗をかく，血管を収縮・拡張させるといった調節も機能しなくなるため，体温調節が困難となります。

(2) 肢体不自由が心理面に及ぼす影響

　肢体不自由となったときには大きな不安を感じます。自分の意図のとおりに動かない身体に対する不安。これまでできていた動作ができなくなったことへの不安。これらを身体的不安といいます。そして，不自由さに対応するために，新たな自分の身体の動かし方，食事，着替え，排泄などの方法の習得，杖や車いすの使い方など，学習しなくてはならないことがかなり多く出てきます。

　一方，社会との関係のなかでさまざまなことから強く不安を感じます。なによりも身体が不自由になったことで，学校生活や職業生活に

大きな変化が生じます。就労が継続できない場合は経済的な問題が生じます。このために家庭生活の維持が困難になることもあります。

肢体不自由の場合にストレスとなることのひとつに欲求不満があります。やりたいことができない，常に介助者が必要になることから，自己の欲求が満たされないことが増えていき，そのために精神の変調をきたすこともあります。

3節　肢体不自由心理学が役立つ仕事

幼稚園，小学校，中学校，高等学校等に通っている肢体不自由児は5万人くらいと推定されていますし，特別支援学校に在籍している肢体不自由児は約3万人います。学校の教師になるにあたって肢体不自由心理学が役に立ちますが，特に特別支援学校の教師になるためには必要な心理学になります。

また，保育園，就学前の通園事業所，学校卒業後の生活介護事業所や就労継続支援事業所などのスタッフには肢体不自由心理学をしっかりと理解してもらいたいと思います。理学療法士，作業療法士，言語聴覚士などの医療職は，子どもから高齢者に至るまでのさまざまな肢体不自由の人とかかわります。これらの職では肢体不自由心理学は非常に重要です。

特別支援学校（肢体不自由）教諭

　特別支援学校（肢体不自由）には，さまざまな原因による運動障害のある児童生徒が在籍しています。児童生徒の認知面，運動面，心理面の状態も多様であり，個に応じて作成された個別の指導計画をもとに教育活動が行われています。このような児童生徒の指導には，他の特別支援学校における指導と同様に発達に関する知識や各教科・領域の指導内容に関する知識のほかにも医療的な知識，福祉制度やその利用に関する知識など，いろいろな知識が必要です。これらの知識を活用しつつ，児童生徒の心身の状態や個の指導課題の達成に向けて，日々子どもたちとのやりとりを通じて指導を行っています。

　個別の指導計画の作成にあたり，肢体不自由のある児童生徒の実態を把握するために，いくつかの検査が用いられています。さらに，複数の教員がチームとなって児童生徒の日常生活の観察情報を集めて実態を捉える試みも多くなされています。教員が肢体不自由のある児童生徒の実態を理解する際に，その動きの不自由さを背景とした心理特性をどう捉えるかが大切な手がかりになります。

　Aさんは，小学部5年生の脳性麻痺の女の子です。Aさんには，手足や体幹に麻痺があり，車いすの移動や学習用具の準備など日常生活のいろいろな場面で，援助を必要としていました。話し方はゆっくりですが，年齢相応のコミュニケーション力があります。おとなしい女の子ですが，がんばりやで授業では積極的に発言する姿が見られていました。休み時間は，いつも教室に残って，机の上に置いた小さなボールを指先ではじいて遊んでいました。クラスの子どもたちや担任が外遊びに誘っても，なかなか応じません。そんなことが続いて，みんなはすっかり，Aさんは外遊びが好きではないと思っていました。

　ある日の休み時間，ちょうど体育でやっていたティーボール（野球やソフトボールに似たボールゲームの一種）をしようということになり，ほかのみんなは外に出かけていきました。Aさんはひとりで教室に残り，いつものように机に置いたボールで遊んでいます。担任は，以前からAさんが外に出ないことを不思議に思っていました。動きの不自由さはあっても，いろいろな学習に積極的に参加しているのに，どうして休み時間になるとたったひとりで遊んでいるのでしょう。

　担任は，思い切ってAさんに声をかけました。
　「Aさん，外に行ってみよう。先生につきあってくれるかな？　一緒にベンチに座って，みんなが何をしてるか見てみない？」

休み時間の様子

　するとAさんは，
「うーん……。いいよ」と，少し考えて返事をしてくれました。
　担任は，外に出るとAさんを車いすからおろして一緒にベンチに座りました。吹いてくる風も心地よく，Aさんも笑顔になりました。
「また，一緒に日向ぼっこしようね」と言うと，少し難しい顔になって黙ってしまいました。
「じゃあ，やり方を考えて，ティーボールに入れてもらおうか。体育でやったみたいにできるんじゃない？」
「うん！　そうだね。」
　Aさんは，本当は，ティーボールでみんなと遊びたかったけれど，参加の仕方がわからなかったのかもしれません。教師に手伝ってもらわないとゲームに参加できないという不安，もしかしたら，先生に頼むタイミングがわからなくて，結局ひとりで遊ぶことにしてしまっていたのかもしれません。
　こうしたやりとりが，自分の意図どおりにならない動きの不自由さをもった子どもたちと私たち教員との間で日々行われています。
　子どもたちは身体面の成長とともに心理面も日々成長していきます。低学年の頃には，教員の援助を受けながらでも，「とにかくやってみたい！」気持ちで十分楽しんでくれました。高学年になる頃には，少しずつ自分のイメージと行動の結果とのずれに折り合えないことも経験してきます。そうしたことから場面によっては，意欲が下がってしまったように思われたりする姿が見られることもあります。子ども自身も，そのことを十分意識していないままに行動していることも多くあります。特別支援学校で働く私たちは，子どもたちが日々見せてくれるいろいろな行動や表情から，たくさんのことを推察し，現実の子どもの姿と結びつける作業を繰り返しながら，次の目標を設定し，指導を行っています。

作業療法士

「ねぇ……，私のことわかるの？　わかってくれるの？」

かぼそい声で問われた瞬間の，息が止まりそうな気持ち。今でも胸を締めつけられる記憶です。頭の中でさまざまな言葉が巡った末に「わかる……とは言いませんが……わかろうと努力はしています」と答えた，その瞬間。「わかるわけないでしょ！　こんな身体になった人のことなんて！　適当なこと言わないでよ！」

そうだったのです。彼女は待っていたのです。「わかります」「わかろうとしています」などと言うのを。そんな欺瞞に満ちた言葉を言うに違いないと。

私が肩をほぐしていたその彼女は40歳を過ぎたばかりで，主婦であり母でありながら，それとは見えない容姿の持ち主でもありました。近所の人から「きれいね」と言われることが誇りだったといいます。自分に過失のない事故でトラックに轢かれ，一瞬にして肩から下がまるで動かなくなった彼女。脊髄損傷による完全麻痺。お洒落な服を着ることもお化粧することも自分ひとりではできない……。対する私は，新米の作業療法士でした。

作業療法士はリハビリテーションの一端を担う職です。生活にまつわる練習を支援したり，そのために身体を整えたり鍛えたり。脳卒中で片麻痺になった人，リウマチの人，変形や切断など幅広い疾患が対象です。ここに脊髄損傷も含まれます。脊髄を完全に損傷してしまうともとどおりには戻りません。今でこそiPS細胞など脊髄再生という話題も出てきましたが，まだ実用には至っていません。これら多くの障害は，現実的にはもとの身体に戻れないことも多いのです。もとどおりに戻れないとき，どこかでそれを受け入れ，そこを出発点にして今後の生活に向けた練習をするしかありません。リハビリは，もとどおりにしてくれるものと思われがちですが，実は障害を抱えたまま生活しなければならない人の支援をさす場合も少なくないのです。

そのとき「障害受容」ということがトピックにあがってきます。もとに戻らない障害を抱えたとき，受容がなされないとリハビリの出発点にたどりつかないと考える人も多いのです。確かに，混乱し，怒り，悲嘆にくれ，そのプロセスのあとでしだいに落ち着いてくる人もあるでしょう。それまで「もとどおりに戻りたい」としか言わなかった人々が，現実を見すえたリハビリへとシフトチェンジしていく。しかし一方で，前述の彼女のように重い障害であればあるほど現実を受け容れられず，混乱し，怒り，

悲嘆にくれ，そこに長くとどまる人もいるのです。そこを抜け出せなくてリハビリが進まず，こちらが焦りを感じることも確かにあります。焦りから"現実的な"電動車いすの練習を進めようとして，「歩きたい」という本人と衝突してしまうスタッフも時折見かけます。

一般的な「受容のプロセス」は，①ショック期があり，②否認期があり，③混乱期に至り，④解決への努力期を経て，⑤受容に至る，とされます。キューブラ＝ロス（Kübler-Ross, E.）のステージ理論も知られています。こちらは①否認と隔離，②怒り，③取り引き，④抑うつ，⑤受容，とたどるとされます。現実から目を背け，やり場のない怒りに震え，悲哀に浸り，やがて穏やかに受け入れる……。しかし個人差も大きく，障害の内容によってもさまざまなのが実情でしょう。脊髄損傷でいうと，車いすで立派に社会復帰している受傷20年という人が「今でも歩きたいと思ってますよ」と言うことも。よくよく話を聞いてみると，ほぼすべての人が「自分だって諦めてはいませんよ」と笑顔で語ります。その意味では「受容」などというステージには永遠に到達しないものかもしれません。

「北風と太陽」という寓話があります。旅人のマントを脱がせようと，北風が強く吹けば吹くほど旅人はマントをきつくつかんで離しません。ところが太陽が暖かく照らすと旅人は自分からマントを脱いでしまいます。

最近は「受容」がリハビリの条件ではないと思うようになりました。告げられた「予後」を受け容れられず苦しむ人はたくさんいます。そんなとき医療スタッフからこぞって受容を迫られると，ますますマントを離せなくなってしまう……。言われた人間だって実際には「わかって」いるはず。でもそれはつらいこと。だから受け容れたくない。そして苦しい。リハビリテーション職に求められるのは，そのプロセスを，そこにある苦しさを「わかって」いることなのかもしれません。必ずしも「受容」がなくてもリハビリはできるはず。20年来のベテラン脊髄損傷者の笑顔が語っています。

よく「自分は治りますか？」と聞かれます。最近では「どうなるか…より，どうなりたいですか？」と問い返しています。その結果，無理を承知で立位練習することもしばしば。それでも多くの場合，収まるべきところに収まっていきます。マントを離せずにいる人たちは，その過程に寄り添う私たちの姿を見ています。もとどおりにはなれなくても，少しでも幸せになれる道を探すこと。一緒にそれを探す姿勢こそが重要なのではないでしょうか。

第11章
健康障害の心理とその支援

活かせる分野

1節　健康障害とは

　子どもたちのなかには，闘病しながら成長・発達していく子どもがいます。病気の種類は多岐にわたり，長期にわたる治療を必要とするような慢性疾患で，かつ，医療費の補助などの公的な支援が受けられる病気だけでも700種類を超えます。また，同じ病気の子どもでも，発症後間もない状態から，比較的安定している状態，さらには深刻な状態の子どもまで，病状もさまざまです。したがって，健康障害（health impairments）の子どもとは，非常に多様な病気の多様な状態にある子どもたちのことを示す広い概念であると捉えることができます。

　健康障害児のうち，とりわけ学齢期の病気の子どもたちに関しては，「病弱者」という概念があります。日本では，主に病気の子どもたちが，病気や療養生活などによって教育を受けることが中断されることのないように，病弱教育という教育制度を設け（学校教育法第72条および第81条），さまざまな形態で（たとえば，病院の隣にある特別支援学校や病院のなかに設置した特別支援学級等で）教育を受ける機会を確保しています。この制度においては，「病弱者」を「1. 慢性の呼吸器疾患，腎臓疾患及び神経疾患，悪性新生物そのほかの疾患の状態が継続して医療又は生活規制を必要とする程度のもの。2.

身体虚弱の状態が継続して生活規制を必要とする程度のもの。」と定義し（学校教育法施行令第22条の3），これに該当するような子どもを病気の子どもたちのための学校である特別支援学校（病弱）の対象としています。ここでいう医療とは，入院や通院，服薬などさまざまな形態の治療管理が含まれます。さらに，生活規制とは，運動や食事の制限などをさします。

　この定義について注目すべき点としては，病名を特定していないことがあげられます。どのような病気であれ，その病気の状態が継続して医療または生活規制を必要とするのであれば，その子どもは病弱者であり特別支援学校（病弱）の対象となりうるということができます。さらに，身体虚弱とは，病気ではないものの不調な状態が続く，病気にかかりやすい，もしくは病気が治ってまだ間もないなどの状態が含まれます。

　このような広い定義を用いることで，どのような病気であれ，またどのような場所にいたとしても病気の子どもたちが教育を受けるという権利を保障することができるとともに，教育にはその対応が求められています。

2節　健康障害の心理特性

　闘病しながら成長・発達していく子どもたちのなかには，病気や療養に伴い，健康な子どもたちが体験しないような環境や心理状態を経験する場合があります。それゆえに，病気の子どもたちのための教育制度である病弱教育の意義には，病気や療養に伴う「学習の遅れなどを補完し学力を補償する」という項目に加えて，①積極性・自主性・社会性の涵養，②心理的安定への寄与，③病気に関する自己管理能力，④治療上の効果等，があげられています（文部省，1994）。特に，①積極性・自主性・社会性の涵養，②心理的安定への寄与は，病気の子どもが抱えやすい心理社会的な課題に対応する項目であると考えられます。そこで，以下に病弱教育をするうえで理解しておくことが重要な病気の子どもの心理特性およびその支援を概観することとします。

1. 積極性・自主性・社会性に関する課題と支援

　病気に伴う療養経験が子どもの心理社会的な発達に影響を及ぼすことが指摘されています。特に，慢性疾患などの療養生活が長期にわたるような病気の子どもたちにおいては，病気療養に伴い受動的で制限された環境下での成長を余儀なくされることで，年齢相応の積極性や自主性，社会性の発達が阻まれる場合があります。

　治療管理においては，患者である子どもたちは治療行為の対象者として受動的にならざるを得ない場合があります。たとえば，診察や注射は「受ける」ものであり，服薬や生活規制についても子ども本人の主体的な意思とは関係なく病気に対して必要であるとされがちです。さらに，日常生活のさまざまな場面で子どもの活動の制限を必要とする病気もあります。たとえば，心臓疾患のある子どものなかには，走ったり跳んだりといった運動に制限があるケースや，食物アレルギーや服薬している薬剤によっては食物に制限があるケースも存在します。それに加えて，入院するような場合には感染防止などの観点から，家族や友人などの病院関係者以外の人々と自由にかかわることが難しくなる場合もあります。そして，このような受動的でかつ制限された環境が，自ら主体的に何かを行うという自主性や，何かをやってみようとする積極性，友人関係の構築など年齢相応の社会性の発達を阻害すると考えられています。

　特に，幼少期の子どもにとっては，「遊び」が生活そのものであり，成長・発達の原動力でもあるため，療養生活に伴い「遊び」が制限されることによる心身の成長・発達への悪影響が指摘されています（駒松，2009）。鈴木（2014）は子どもにとっての遊びの特徴を「みずからが自発的に外界へ働きかけていく活動であり，満足を満たし緊張感を包含する楽しい活動であり，自由で束縛のない活動であり，内発的欲求から生まれてくる想像的・創造的な自己活動・自己表出の場」としています。つまり，幼少期の子どもにとって遊びは成長発達にさまざまな意義をもつ活動であり，自主性・積極性の発達を促す学習ともいえる活動でもあります。

　しかし，病気の子どもたちには，治療管理が優先され，遊ぶための環境も必ずしも十分に用意されておらず，「制限されて当然」という

認識も強かったのではないかとの指摘もあります（増子，2014）。現在では，病気の子どもにおける「遊び」を権利として保障し支援するという考え方が広まりつつあります。特に，病院にいる子どもたちの「遊び」に対しては，1984年に英国で宣言された「病院のこども憲章」のなかで，「こどもたちは，年齢や症状になったあそび，レクリエーション，及び，教育に完全参加すると共に，ニーズにあうように設計され，しつらえられ，スタッフが配置され，設備が施された環境におかれるべきである」とされています。このようにして医療機関では，プレイルームなどの物理的な環境の整備に加えて，さまざまな病気の子どもの心理・社会的支援に特化した専門職の配置がみられるようになってきています。特に幼少期の子どもの「遊び」の支援に関しては，病棟保育士や医療保育士（医療保育専門士）に加えて，チャイルドライフスペシャリスト（child life specialist: CLS）やホスピタルプレイスペシャリスト（hospital play specialist: HPS），子ども療養支援士（child care staff: CCS）などのさまざまな職種の活躍が期待されます。

　また，村上（2006）は学齢期の慢性疾患の治療管理について，一般的に子どもに望まれる姿（たくさん食べる，遊び回る）とは正反対の姿（食事内容・量の制限や運動量のコントロール，遊びの制限）を要求するものとして「子どもらしさの制限」を要求するものと言及しています。そのうえで，治療管理と子どもらしさの許容という矛盾するような子どもたちのニーズを調整しうることを示唆し，医療的ニーズを優先しつつも子どもらしさを許容し支援することを病弱教育関係者に求めています（村上，2006）。

2．心理的安定に関する課題と支援

　年齢にかかわらず病気の人のなかには不安や恐怖を抱えている場合があります。恐怖や恐れという情動は，その対象が明確に識別される場合の一過性の情動のことをいい，不安とはその対象が不明確だったり，対象に対する逃走行動がとれなかったりするときに，そこで体験される持続的で不快な状態のことをいいます（金城，2008）。したがって，注射や手術といった明確な対象に対しては恐怖を感じることがありますが，不安とは漠然とした情動でもあるため，療養中常に抱

えている可能性があるということもできます。また，これらの情動の生じる背景には，年齢や病気の種類，病状，個人の性格などさまざまな要因が関与しているため，必ずしもすべての病気の人，病気の子どもたちが同じような情動を抱えているわけではないのですが，以下に病気の子どもが経験しやすい不安や恐怖について概観することとします。

　病気の子どもたちが抱える不安にもさまざまな種類がありますが，そのひとつとして「喪失体験」による不安があげられます（谷口，2013）。病気の子どもたちは，療養生活において，それまでの生活を中断したり，あきらめたり，得ていたものを失う体験をせざるを得ません（谷川，2009）。喪失するものは病気によっても子どもによっても異なります。たとえば，病気になる前には当たり前に過ごしていた日常生活のすべてが，入院という環境の変化によって失われる場合もあれば，病気によっては進行に伴い歩くことができなくなり，食べることができなくなり，トイレに行くなどの日常生活が自分の力ではできなくなるというような場合もあります。そして，喪失を経験するなかで，自分という存在への安心感・安全感がゆらぎ，病気以外の事柄にも漠然とした不安が及ぶことがあります（谷口，2013）。こうした不安への対応については喪失体験への上手な対処を支援すると同時に，支援者には「しなくてよい中断」や「体験しなくてよい喪失」を減らす「連続性の確保」のための努力も求められます（谷川，2009）。その意味においても，病気や療養にかかわらず「子どもらしさ」を許容すること（村上，2006）や，健康な子どもと同じように教育を受ける機会を確保し権利を保障することに意義があることが示唆されます。

　次に，病気や治療に対する不安や恐怖について概観したいと思います。大人であっても聞いたことのないような病気になったときや，苦痛を伴う治療には不安や恐怖を感じることがありますが，子どもにおいても同様です。それに加えて，子どもの場合には，年齢や発達段階，それまでの生活経験によって病気や治療に対する理解の度合いも異なり，場合によっては誤った理解により余計に不安や恐怖を感じてしまっている可能性もあります。

　小畑（1999）は，子どもの病気の原因（病因）の認知発達は，痛

みや感覚といった現象に起因するという現象的理解から始まり，幼児前期には何らかの自分の行動などに対する罰によって病気になったと理解する時期を経て，幼児後期には感染による罹患を理解するようになり，11歳前後で成人の認知とほぼ同じような段階になるとしています。したがって，子どもたちへの病気の説明は，対象児の年齢や発達段階をふまえて行われる必要があります。

さらに，子どもの場合には不安や恐怖を感じたとしても，それを言葉で十分に表現することが難しい場合もあり，支援者には子どもの不安や恐怖を理解するとともに，感情表出を支える支援も必要とされています。

このような治療などに伴う子どもの心理的混乱に対して，近年小児医療の現場では，不安や恐怖を緩和し，子どもや保護者が治療などに対して予測をもち対処できる力を引き出すような支援として「プレパレーション」という心理的介入が注目されています。及川（2007）はプレパレーションの具体的な目的として①子どもに正しい知識を提供すること，②子どもに情緒表現の機会を与えること，③心理的準備を通して医療者との信頼関係を築くことをあげています。プレパレーションでは，子どもの受ける予定の医療行為について個々の子どもや家族の特性に合わせた方法で情報提供を行い，情報提供にはビデオや本，メディカルプレイ用の玩具などさまざまな道具が用いられています（森安，2014）。

以上に概観した病気の子どもたちが体験する不安や恐怖はごく一部に過ぎません。さらに，このような不安や恐怖といった体験は，闘病中だけではなく，闘病後の子どもの心理にも影響を及ぼすことが指摘されています。泉（2011）は，小児がん患児について，多くの子どもが病気を克服し社会復帰を果たしていく一方で，闘病体験による心の傷を残したり，著しい経験不足などにより，社会復帰に困難な子どもたちが少なからずいることを報告しています。そして，そのなかには，心的外傷後ストレス障害（Post Traumatic Stress Disorder: PTSD）の症状がみられる子どもたちもいることを指摘しています（泉，2011）。したがって，病気の子どもたちの心理的なケアについては，闘病中のケアが，その後に続く発達や心理をも支えうるものであるという観点が重要であると考えられます。

3節　健康障害心理学が役立つ仕事

　これまでにあげた特別支援学校（病弱）や，いわゆる院内学級とよばれるような病弱・身体虚弱特別支援学級の教師になるにあたっては，その教育の意義と関連して病気の子どもの心理に対する深い理解があることが求められます。また，それに加えて，多くの病気の子どもたちは地域の幼稚園・小学校・中学校・高等学校等に在籍しているため，教師には役立つ学問であると思われます。また，各学校の保健室にいる養護教諭には，病気の子どもにとっては学校と自分をつなぐキーパーソンとなることも多いため，より深い理解が求められます。

　また，医療職においても同様です。医師や看護師に限らず病気の方々にかかわる仕事は多く，本章でもあげた病棟保育士，医療保育士や医療保育専門士，チャイルドライフスペシャリスト，ホスピタルプレイスペシャリスト，子ども療養支援士といった子どもを対象としたものから，臨床心理士やメディカルソーシャルワーカーなど年齢を問わず病院で働く心理や福祉の専門家としての仕事までさまざまです。これらの職においては病気の方々がどのような心理社会的な支援を必要としているのかを考えるうえで健康障害心理学が役に立つと思われます。

　さらに，職業とは異なるかもしれませんが，病院で患者の話し相手になったり遊び相手になったりするようなボランティアをする場合にも健康障害心理学を理解していることが望まれます。

病院内学級担当教諭

　「院内学級」と聞いてみなさんは，どんなイメージをもたれるでしょうか。「病気の子どもたちが通っている学級」「長期に入院している子どもたちがいる」などでしょうか。「明るい？　暗い？」「つらい？　悲しい？」……。

　実は，「院内学級」という名前は正式な名称ではありません。「（病弱・）身体虚弱の児童及び生徒のために設置された」特別支援学級のなかで病院内に設置されたものの通称です。学校のなかにある病弱・身体虚弱特別支援学級とは区別されています。「病院のなかにある学校・学級」という言い方もされています。

　病気療養児の教育の意義（病弱・身体虚弱学級の役割）は，
　　・学習の遅れの補完と学力の補償
　　・積極性，自主性，社会性の涵養
　　・心理的安定への寄与
　　・病気に対する自己管理能力
　　・治療上の効果等【教育の実施は，病気療養児の療養生活環境の質（QOL）の向上に資するものである。】
とされています（文部科学省，1994）。

　全国に100を超える特別支援学校（病弱）や1000を越える病弱・身体虚弱特別支援学級があり，この役割に対し，さまざまな形で教育の保障を行っています。

　病気を抱えた子どもたちはさまざまな場所で教育を受けることができます。しかし，一概に病気といってもいろいろな病気の併発や障害の重複がある場合もあります。実は，医療の進歩や厚生労働省の指導による入院の短期化が行われ，「病気を抱える子ども」といわれる児童生徒の多くが，小中学校等に通っています。

　「病気について配慮が必要な子どもは，さまざまなところにいる」こと，「病気を抱える子どもたちに対して，『教育は，病気が治ってから受ければよいもの』ではない」ことを考えていかなければならないでしょう。病気による困難を抱えることで，心も身体も傷つきをもっている子どもたちがいるからです。

　次の詩は，小学1年生の女の子が書いたものです。この子どもは，2学期の終わりに入院をしてきました。在籍校で終業式ができなかったため，冬休み中に退院をして，3学期は始業式から学校に行きたいと願っていました。しかし，3学期の始業式は院内学級で過ごすことになりました。始

> いきたいな
> しゅうぎょうしきもいけなくて
> しぎょうしきもいけなくて
> ちょっといや
> ちゃんとはじめられなくて
> ちょっといや
> でもここならできる

業式の後，その子が伝えてくれた言葉を詩にしてもらいました。
　「ちょっといや」と伝えてくれた彼女は，「ちょっと」というものではなく，本当にがっかりした表情でした。退院ができなかったこと，病状が回復しなかったことは，誰を責めることもできません。「自分自身がだめだ」という考えをもちます。そんな子どもたちの自尊心を育むことが大切な役割のひとつであると考えています。
　子どもたちにとって，「学ぶことは生きること」です。学びを保障する学校は子どもたちの生活の大部分を占める場所です。入院をしている子どもたちにとっても，それはかわりありません。むしろ，病気を抱える子どもたちにとって，学校はよりいっそう大切な場であり，学びを保障することは必要だと感じます。
　たとえ病気であっても，障害があっても，子どもたちにとって大事な発達課題をいかに越えていってもらうか。それを行うための，教育的なかかわりは何かを考えます。病気による困難を抱えた子どもたちを支えるために，医療・心理・福祉の人ともつながるからこそ，教育だからこそできることは何かを大切にしていきたいと思います。

医療保育専門士

病院・診療所，病児保育室などで保育士が働いているのをご存じですか。医療を要する子どもも健康な子どもと同様に遊びや学習ができるよう，生活の支援をすることを目的に医療の現場に保育士が配置され始めました。そのうち，日本医療保育学会で所定の研修を終了し，医療保育を実践できる知識と技術を有する人を「医療保育専門士」として認定しています。医療保育専門士は，病気や障害のある子どもの権利を保障する仕事で，医療を要する場でも子どもらしい生活を送ることができ，その子らしい成長発達を遂げられるように保育を通して子どもとその家族を支援しています。

● 医療保育専門士の役割と仕事の内容

1) 保育の対象
おおむね0～18歳までの入院，治療を要する子どもたちとその家族が対象です。学童期や思春期にかけての子どもたちも含まれるため，各期の特徴の理解を深め，かかわり方の知識や技術の習得も必要となってきます。

2) 心身の安定を図る
子どもたちは入院することで，家庭や学校，家族や友達など慣れ親しんだ環境とは違った生活を送ることになるため，不安や寂しさ，ストレスを抱えています。病棟のなかで，子どもたちが安全で安心して過ごせる環境を構成します。また，見慣れない大人が大勢いる環境でも安心感がもてるようにかかわっていく必要があります。そのため，入院直後から子どもとの信頼関係を構築し，必要に応じて「子どもの代弁者」となり，医療スタッフや家族に子どもの気持ちを伝えます。学童期以降の子どもの場合は，子ども自身が思いを伝えられるように支援することもあります。

3) 生活環境を整える
子どもの生活リズムは病状や治療や検査などによって大きな影響を受けます。病状が落ち着いたら普段の生活リズムとなるように整え，維持できるようにかかわることが必要です。乳幼児期は，病状や治療をふまえ年齢や発達段階にあった基本的な生活習慣が獲得できるようにかかわります。学童期以降は治療や検査，学習などを加味して一日の生活の見通しや退院までの見通しを立てることができるようにかかわります。

4) 発達をサポートする
乳幼児期の子どもたちには，一人ひとりの病状や配慮事項を把握し，遊びを通して発達の支援を行っています。子どもは遊びを通していろいろなことを経験し，生きていく術を学んでいきます。入院中の子どもに遊びを

提供することは，その子どもにとって非日常になっている生活を「日常」に近づけることになります。遊びの場は，病室やベッド上，プレイルームなどさまざまです。

　学童期の子どもたちには，日課のなかに学習の時間を設け，病室やプレイルームで実施します。学力を維持することはもちろんですが，クラスの友達と同じ宿題をすることで安心感や所属感，自分にできることがあるという存在感につながります。ひいては，早く学校に戻りたいという気持ちが芽生え，闘病意欲へとつながっていきます。子どもの気持ちを傾聴したり，相談にのり，対処法を考えたり，臨床心理士などの専門的支援につなぐこともしています。

5) 家族をサポートする

　家族のサポートには，保護者ときょうだいへのサポートがあります。保護者に対しては，相談にのることと一緒に保育支援を行うことです。保育士は，保護者の傍らにいることが多く，保護者の思いをくみとりやすい立場にあります。機会をみて声をかけ，思いを傾聴することを基本姿勢として相談にのります。内容は必要に応じてほかの医療スタッフにつないでいきます。また，親子での遊びの提供や生活へのかかわりをサポートすることなどを通して，子育ての主役としての保護者の充実感につながるようにかかわります。きょうだいに対しては，保護者からの相談にのるなどのかかわりを行っています。そのほかに，子どもと家族，幼稚園や保育所，学校，福祉施設や療養機関などとつながり，子どもがもとの生活に戻りやすい状況をつくれるようにかかわっています。

● 医療保育専門士として大切にしていること

1) 子どもの立場に立って

　常に子どもの立場に立って，子ども一人ひとりの思いに寄り添いながら，もしも自分がこの子どもだったらどうしているだろうと考えています。

2) 多職種との連携

　保育士だけでなく，医師や看護師，その他たくさんの専門職が子どものために働いています。そのなかで保育士の役割を明確に示すこと，保育士の視点で意見を述べること，他の職種の意見を聞きながら「子どもにとってよりよいことは何か」を考えて連携を図ります。多職種と連携することは大切ですが，職種間で見解の違いなどもあり難しいことでもあります。

3) 一人ひとりに合ったかかわり

　子どもたちは，年齢，発達段階，心身の状態，疾患など一人ひとり異なっています。一人ひとりの子どもの状況を捉え，個別性にあったかかわりができるようにしています。

第12章
重度・重複障害の心理とその支援

活かせる分野

1節　重度・重複障害とは
1. 重度・重複障害に特有の問題

「重度・重複障害」と聞いたときに，あなたはどのような状態の人たちを思い浮かべるでしょうか。テレビ番組の特集などで見たことがある「ベッドに横になって呼吸器などをつけている人」をイメージする人が多いかもしれません。あるいは「意思疎通が難しい」「とにかく大変そう」といった漠然とした（そしてどちらかといえばマイナスの）イメージをもっている人もいるかもしれません。

重度・重複障害は，視覚障害や聴覚障害，知的障害，肢体不自由，病弱などの障害を2つ以上併せ持っている人のうち，特に重度の知的障害と肢体不自由があり，言語を使った意思疎通が難しく，日常生活で常に介護が必要な人たちをさします（特殊教育の改善に関する調査研究会，1975）。また，重度・重複障害と似た用語として，「重症心身障害児」という言葉を聞いたことのある人もいるかもしれません。これは主に福祉の分野で使われる用語で，重度の知的障害があり，立ち上がったり歩いたりすることができないほど肢体不自由の程度が重い人たちのことをさします。この2つは重なる部分がとても多いですが，重度・重複障害のほうがやや広い概念といえます。

この障害の説明からもわかるように，重度・重複障害は本書のこれ

までの章で述べられているさまざまな障害が重複しており,加えて障害の程度が重度であることを表す用語です。それでは,なぜ一つひとつの障害について知るだけでは十分でなく,重度・重複障害として取り上げる必要があるのでしょうか。それには次のような理由があります。本章では以下に示す２つの問題について,特に重度・重複障害の人が置かれる社会的状況と発達との関係,そしてコミュニケーションの特徴や支援のアプローチに焦点を当てて,具体的に紹介したいと思います。

- ●障害が重度であるために起こる問題：日常生活の中で常に医療や介助を必要としている重度の重複障害の人の場合,生活できる場が限られていたり,その人の本来の能力や発達の可能性が低く見積もられてしまったりすることがあります。
- ●障害が重複しているために起こる問題：重度・重複障害には,単に１つ１つの障害から生じる困難が足し算のように「追加」されるだけではなく,困難がかけ算のように「増幅」される側面があります。（国立特別支援教育総合研究所,2015）

2．進む障害の重度・重複化

　ここでは,重度・重複障害のあるタカシ君（仮名）の身体や健康面の状態を述べた事例を題材に,障害が「重度」であることによって生じやすい問題について考えてみましょう。

　　タカシ君は特別支援学校小学部に通う２年生の男の子です。生まれたときにうまく産声を上げることができなかったことが原因で低酸素状態になり,後遺症として手足の強い麻痺と重度の知的障害が残りました。支えがあれば座ることはできますが,立ったり歩いたりはできません。また,口から食事をとるとうまく飲み込めずに肺に入ってしまうため,お腹に小さな穴を開けてチューブを胃まで通し,そこからゼリー状の栄養剤を注入しています。

　まず,タカシ君が受けている「医療的ケア」に関する基礎的な事柄を整理したいと思います。医療的ケアという言葉は耳慣れないかもれ

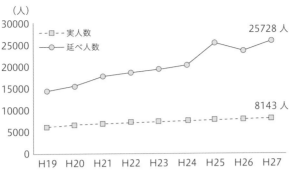

▲図 12-1　特別支援学校における「医療的ケア児」数の推移

ませんが、鼻からチューブを入れている重度の障害者の姿を見たことがある人はいるのではないでしょうか。これは、口から食事をとることが難しい人のために、チューブを通して胃に直接栄養を送り込む「(経鼻)経管栄養」とよばれる医療的ケアのひとつです。医療的ケアは、病気やけがの治療とは違い、日常生活に不可欠で、長期間にわたり継続的に必要とされます。タカシ君が受けている腹部から胃に栄養を送る「胃ろう」というタイプの経管栄養や、痰や唾液などを機械で吸い出す「吸引」も、よく行われる医療的ケアです。

　全国の特別支援学校には、日常的に医療的なケアを必要とする「医療的ケア児」が 8,143 人いることが報告されています（文部科学省, 2016）。一方、延べ人数（例：「吸引」と「胃ろう」の両方が必要な児童がいた場合、延べ人数は 2 人と数える）は 25,728 人となっており、1 人で複数の医療的ケアを必要とする「超重度」の重複障害の子どもが年々増えていることがわかります。

2節　重度・重複障害の心理特性

1. 障害が「重度」で「重複」していることは発達にどのように影響するか

　タカシ君のように医療と切っても切り離せない重度・重複障害の人の生活では、時に「障害が重い」が故の問題が生じます。たとえば、重度・重複障害の人の多くは外出するときに常に介助者が一緒である

必要があるため，介助をしてくれる家族やヘルパーの都合がつかないときには外出ができなくなってしまいます。あるいは，車いすでの移動になるため，混雑している場所や段差の多い場所，車いす用のトイレが整備されていない場所には行きにくくなります。さらに，健康の維持そのものに多くの努力を必要とする状況であれば，「安全・安心」な環境を整えるだけで精一杯で，外出することを考えること自体が難しいかもしれません。このように障害が重度であることにより参加できる活動や場が限られてしまうと，結果として発達の基盤となる日常生活のなかでのさまざまな経験を積む機会が不足してしまい，さらに参加が制約されるという悪循環に陥ってしまいます。

「障害の重い人」「重症児」といった言葉のイメージからくる周囲の人の思い込みもまた，本人の発達にマイナスに作用することがあります。重度・重複障害の人は，言葉を使って意思表示をすることが難しく，周囲の人にはわかりにくい方法で意思表示をすることが少なくありません。そのため，「この子は障害が重いからわからないに違いない」といった思い込みが生まれやすく，その人の本来の能力よりも低くみられてしまう傾向があります（国立特別支援教育総合研究所，2015）。その人の能力が適切に評価されないと，その能力にあった教育を受ける機会が少なくなり，コミュニケーションの能力が十分に育たないなどの問題が生じることになります。

このような障害が重度であるために生活経験や教育の機会が制約されてしまうという悪循環を断ち切るには，福祉サービスの充実，環境のバリアフリー化，重度・重複障害に対する理解の広がり，重度・重複障害の人の能力を調べるための技術の開発，さまざまなコミュニケーション手段の獲得など，さまざまな角度からのアプローチが重要です。

2．重度・重複障害とコミュニケーション

(1) コミュニケーションの考え方

ふたたびタカシ君の事例を参考にしながら，重度・重複障害のある人のコミュニケーションの特徴と支援の方法について詳しくみてみましょう。

タカシ君は言葉を使って周囲の人とコミュニケーションをとることはありません。小さい頃は，話しかけたり抱っこをしたりしても反応があまりなく両親も心配をしていましたが，今はうれしいときにはよく笑い，嫌なときにははっきりと嫌な顔をするなど，反応がだいぶ豊かになりました。また，最近はほしい物に手を伸ばすようになってきたので，遊ぶおもちゃを2つ見せて，好きなほうを選んでもらう機会をつくっています。

　重度・重複障害のある人と，障害のない周囲の人がコミュニケーションをとろうとするとき，多くの場合は特別な工夫が必要となります。しかし，その具体的な方法について考える前に理解しておく必要があるのは，コミュニケーションは情報や意思などの「相互」のやり取りである，ということです。つまり，コミュニケーションの問題は，重度・重複障害の人の「能力が低い」ために生じるのではなく，重度・重複障害の人と私たちの間で用いるコミュニケーションの方法に「ギャップ」があるために生じるのです（Griffiths & Smith, 2016）。
　タカシ君の例で考えてみましょう。タカシ君は遊びたいおもちゃがあるときに，言葉でそれを伝えることはできませんが，ほしい物に手を伸ばすことで意思表示をすることができます。しかし，私たちがその方法を知らなければ，おもちゃを見せて選んでもらうという試みもすることはないでしょう。このように，タカシ君と私たちのコミュニケーションがうまくいかない状況は，タカシ君の意思表示の方法が限られていることと，私たちがタカシ君に合わせた方法を用いることができないことが重なって生じているのです。
　重度・重複障害のある人とのコミュニケーションの方法を考えることは，その人のコミュニケーションの特徴を私たちが知り，音声言語を中心とした私たちのコミュニケーションを見直し，両者のギャップを埋めるプロセスといえます。

(2) コミュニケーションの準備段階

　コミュニケーションは「相互」のやりとりであることを確認しましたが，そのときに問題となるのが，周囲からの働きかけに対する重

度・重複障害の人の反応がとても微弱である場合です。もし，会話をしているときに相手の反応がほとんどなければ，多くの人は「聞こえているのだろうか」「この話題はまずかったのだろうか」と心配になるのではないでしょうか。生まれついて反応のない，あるいは微弱な重度・重複障害の人の場合，家族や支援者は「この働きかけでよいのだろうか」と悩み，時には家族として，支援者としての自信を失ってしまうこともあります。

　重度・重複障害の人の反応が微弱である場合，その理由は大きく①刺激を受け入れる感覚器官の障害（例：音が聞こえない），②中枢神経系の障害（例：聞こえた音の刺激に反応・処理できない），③表出する運動器の障害（例：声を出したり身体を動かしたりできない），の３つに分けることができます。片桐ら（1999）は，重度・重複障害の人は覚醒水準が低く，一種の睡眠状態にあるために刺激に反応できないことを指摘し，「聞こえない」と早急に判断するのではなく，五感に粘り強く働きかけることが重要であるとしています。特別支援学校等で行われている，シーツに入れて揺するなどの「感覚遊び」を通して覚醒水準を高める実践（国立特別支援教育総合研究所，2015）や，１日のなかで覚醒状態が少しでもよい時間帯を見極めて重点的に働きかけるといった工夫（片桐ら，1999）は，反応の弱い重度・重複障害のある人とのコミュニケーションを図るうえで重要な準備段階といえます。

（3）さまざまなコミュニケーションの方法

　いわゆる「言葉」を使ったコミュニケーションに慣れ親しんでいる私たちとは異なり，重度・重複障害の人にとってのコミュニケーションは，多くの場合，視線や顔の向き，まばたき，表情の変化，発声，呼気，身体のわずかな動きといった非言語的な反応を用いるものになります。そのため，重度・重複障害の人とかかわる際には，その人独自の快・不快や「はい・いいえ」の表現，要求の方法などを理解する努力が求められますし，同時にその人がわかる方法で情報を伝える工夫も必要となります。

　タカシ君の事例に立ち返れば，彼は表情で快・不快や「はい・いいえ」を，手を伸ばすことで「それがほしい」という意思を周囲に伝え

ています。また，家族や教員から「どうしたいか」を尋ねるときには，具体的な物を見せて選択してもらう形で問いかけをしています。こうしたその人独自の理解や意思表示の方法は，非常にわかりにくいことも多いため，表情や身体の動きの細かな観察記録をつけたり（岡田・是永，2010），その人の家族や長くつきあいのある支援者から情報を得たりすることも大切です。

　タカシ君と家族のコミュニケーションは道具を使わないノンテク（non-tech）で行われていましたが，近年は多様な「支援テクノロジー」の活用が進んでいます。たとえば，ボタンやスイッチを押すと指定された音声（例：「トイレに行きたい」）が再生されるVOCA（Voice-Output-Communication-Aid）とよばれる機器は以前からよく使われてきましたし，最近は映像からわずかな視線や口の動きを検出するシステム（Lancioni et al., 2011）のようなハイテク（high-tech）の開発も進んでいます。また，透明なプラスティック板にシンボルを貼りつけた透過式視線ボードを使い，対面した支援者が視線の向きを読み取るといった，身近な教材・教具を使ったローテク（low-tech）も考案されています（正木・江田，2015）。

　こうした技術の活用を含め，重度・重複障害の人と周囲の人との間にあるコミュニケーションの「ギャップ」を埋めることは，重度・重複障害の人が身近な人との信頼関係を築き，よりよい社会参加に向けて成長したり，日々の生活の充足感を高めたりするうえできわめて重要な要素となります。今後のさらなる発展が期待される領域といえるでしょう。

▲図12-2　VOCAの一種であるトーキングエイド for iPad
（©U-PLUS Corporation）

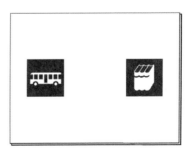

▲図12-3　透過式視線ボードの例

3節　重度・重複障害心理学が役立つ仕事

　本章で学んだ重度・重複障害のある人への心理学的なアプローチは，特別支援学校の教員はもちろんのこと，高等部を卒業した重症心身障害児のための通所・入所施設でもおおいに活きるものです。また，障害者の生活の組み立てにかかわるソーシャルワーカー，重度・重複障害の人の医療に携わる可能性のある医師や看護師など，近接領域の専門職を目指す人にもぜひ学んでいただきたいと思います。

生活介護事業所職員

「社会福祉法人みなと舎ゆう」は，1998（平成10）年，横須賀市初の重症心身障害児者・重度重複障害児者のための施設として生まれました。母体となったのは，家族が自らの手で立ち上げた地域作業所「こどものへや」です。重い障害をもつ子どもたちが特別支援学校を卒業した後に通える場所がほしいという願いのもとにできた，小さいながらもぬくもりのある作業所でした。「この子らしい生活を，この子らしい人生を送ってほしい」という家族の熱い想いを受け継いで，みなと舎は歩みを進めてきました。

ゆうには毎日約30名が通所しており，「ひかり」「かぜ」「だいち」「そら」の4つの部屋に分かれて活動しています。固定した作業やプログラムを設けず，季節や天候，利用者の体調などを考慮しながら，その日の活動内容を決めています。ストレッチやマッサージで体を伸ばしたり，好きな音楽を聴いたりとそれぞれゆったり過ごすときもあれば，お散歩に出かけたり，賞品をかけてゲームをしたりとみんなでアクティブに楽しむこともあります。また，普段の活動以外にも年に数回，納涼会やクリスマス会，地域の人に向けたバザーなどを行うオープンデイといった，全員参加のプログラムも企画しています。

ゆうに通所している利用者のなかには痰の吸引，経管栄養などの医療的ケアが必要な人も少なくありません。看護スタッフも常駐していますが，一定の研修を受けた支援スタッフも医療的ケアの一部に携わっています。それによって医療的なケアの必要がある利用者でも，活動の幅が制限されることなく普通の暮らしを楽しむことができるのです。

ほとんどの利用者は自分の気持ちを言葉で伝えることができません。また，人工呼吸器や酸素を使って生活している人もいます。そうした姿を見ると「自分に何ができるのだろう？」と最初は戸惑うものです。それでも寄り添って時間を過ごすうちに，言葉はなくても表情や声の調子，体の動き，呼吸の仕方など，その人なりの豊かな表現方法をもっており，自分の意思や気持ちを周囲に伝えようとしていることがわかってきます。何を伝えようとしているのか，なかなかわからないこともありますが，その人について知っている情報を思い巡らしたり想像力を働かせたりしながら，その人の心の声を聴こうと努めます。そのような経験の積み重ねがあるからこそ「心が通じた」と思える瞬間の喜びは本当に大きなものです。

みなと舎では利用者のことを「メンバーさん」と呼びます。単に施設を利用している人，福祉サービスを受けている人ではなく，みなと舎をつく

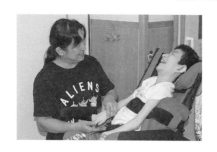

　りあげているチームの一員だからです。メンバーさんは常にチームの中心にいます。メンバーさんの「こうしたい！」という願いが原動力となりさまざまな事業が展開してきました。ゆうに始まり，相談事業，ヘルパー事業，ケアホーム事業，ショートステイ事業，そして2014（平成26）年には入所施設ができ，日中だけでなく24時間メンバーさんの生活を支えています。どんな事業であっても「本人中心支援」を大切に，メンバーさん中心に物事を進めているか自問しながら，メンバーさんに歩調を合わせて進んでいます。

　重度の障害をもつ人は生活のあらゆる場面においてサポートを必要としており，介助者に身をゆだねて日々生きていかなければなりません。しかし，利用者はけっして弱々しい存在ではなく，いつでも生きるエネルギーに満ちています。スタッフは利用者を支えながら，同時に利用者の生きる力に支えられているのです。利用者，スタッフ双方の心が響き合ってお互いの人生がさらに豊かになっていく，そんな深い喜びを経験できるのがこの仕事の魅力ではないでしょうか。

　利用者と向き合うことは命と向き合うことでもあり，その人生にわずかな時間でもかかわるなかで，喜びや楽しさだけではないさまざまな感情を味わうこともあります。それでも，利用者と出会わなければ見ることのできない景色がたくさんあり，この先にはどんな世界が広がっているのだろうと期待せずにはいられません。どんなかたちであれ，もっとたくさんの人に利用者のとなりで生きてほしいと願っています。

大学教員

　私は，教育相談という形で主に重度・重複障害のある子どもたちと，それぞれ週に1回程度，大学やその子どもの自宅で教育的なかかわりあいを行っています。コミュニケーション面に関する相談がほとんどですが，子どもに応じて行う活動はさまざまです。子どもの実態に応じたさまざまな教材（玩具やパソコンなども使います）を活用したかかわりあいのなかで，その子どもなりの意思表出方法や，自発的な運動，「できること・わかっていること」などが明らかになったり，増えたりすることを目指しています。そして，毎回それらの内容について保護者と話します。そこで共有した内容が保護者から特別支援学校の先生に伝わって，学校での支援や指導へとつながっていくこともあります。

　私にとって，子どもとのかかわりあいは貴重な実践研究活動の場であり，そこで明らかにした内容を論文にまとめ，発表することも重要な仕事です。また，研究室には卒業研究として重度・重複障害のある子どもとのかかわりあいに取り組む学生も在籍しており，大学生にとっても学びの場となっています。学生の多くは卒業後特別支援学校の教員となるため，私にとっては将来の特別支援教育に携わる教員を育てるための学生指導の一環でもあります。当然，これらはすべて保護者の理解と協力のうえで行っており，実際に子どもとかかわるという貴重な機会をいただいて，学んでいます。

　重度・重複障害のある子どもの様子を見ると，まったくコミュニケーションが成立しないように思えたり，何かを教えようにもできないことばかりが目について，何から始めればいいのかわからなかったり，ということから困難を感じてしまう人もいるかもしれません。少し，具体的な例もあげつつ私なりに大事にしている考えを述べたいと思います。

　重度・重複障害のある子どもとのかかわりあいでは，必ずしも何かを「教える・指導する」関係とはなりません。たとえば，「子どもがスイッチを押したらつながっている玩具が動いて音が鳴る」活動を行うとします。簡潔にいえば，私たちは，子どもが「目で玩具やスイッチを見て，そこに手を伸ばせるか」「玩具の動きや音を目や耳，手などで感じて，楽しむ様子があるか」といった観点で子どもの様子を観察します。このような活動やその際の観察の視点には障害のない乳幼児の初期の発達など，さまざまな心理学の知見が含まれています。そのときに，子どもが手をスイッチに伸ばさないとしたら，それは「スイッチを認識できない」，または「上手に手を動かせない」子どもの問題でしょうか？

私たちは，かかわりあいのなかで生じる困難を，障害の重い子どもの側の問題とせず，関係性のなかで起きている問題として捉えます。「スイッチを押すとどうなるかわかりやすく伝えられたのか」「手を出しやすい位置に押しやすいスイッチを提示できたのか」「好きな玩具を使用していたのか」と，こちらの働きかけを省みることから始めます。こちらの働きかけが子どもにとってわかりやすく，手を出しやすい状況となれば，子どもの行動も変わるかもしれません。このとき，私たちはスイッチの見方や手の伸ばし方を「教えた」のではなく，「このスイッチを押すと，玩具が動いて楽しいと思うんだけど，一緒にやってみませんか？」と提案して，子どもとその活動やそこでの楽しさを共有することができた，というイメージになります。さらに，こちらからの働きかけをよりよいものにするために，私たちはかかわりあいを通して，子どもから学び，地道に反省と工夫とを繰り返しているといえます。

　その際には，スイッチを押したかどうかだけでなく，その動きの違いや視線，表情の変化などをじっくりと待つこと，見逃さないこと，まずは肯定的に読み取ることが重要です。たとえば，子どもが玩具Aにはあまり手を出さず，玩具Bだとたくさん手を動かすとすれば，「玩具Bが好きなんだね」と捉えられるかもしれません。たとえすぐにスイッチに手が伸びなくても，2つの玩具をこちらで動かして見せたときに，玩具Bの方をよく見ていれば同じように推測して次の働きかけに活かすことができます。その際，勝手な思い込みで一方的な働きかけを続けてしまわないよう，かかわりあいのなかで丁寧に自分の推測が正しかったかどうかを確認していく作業も忘れてはいけません。

　このように，私たちが丁寧に状況を設定して活動を提案し，子どもの行動を細やかに観察することで，私たちの子どもについての理解は少しずつ広がり，かかわりあいも深まっていくはずです。私は自分の仕事を通して，重度・重複障害のある子どもと周囲の人とのかかわりがそのように広がっていくお手伝いができればと考えています。ぜひこのようなかかわりあいについて，多くの人に知っていただければと思います。

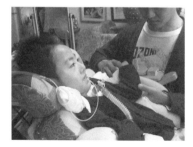

付録　さらに勉強するための推薦図書

『シリーズ障害科学の展開　第5巻　障害理解のための心理学』
長崎勤・前川久男（編著）（2008）明石書店

　心理学的な側面から障害のある子どもや大人を理解し，支援を行うための基礎知識が整理されています。加えて，障害のある人を多面的，包括的にアセスメントし，支援していく力を養うための知識と技能が詰まっています。障害関連の仕事に携わる方々に必携の書籍です。

『シリーズ障害科学の展開　第1巻　障害科学とは何か』
中村満紀男・四日市章（編著）（2007）明石書店

　障害に科学的にアプローチする方法とその成果が詰まっています。この1冊を読むだけで，障害と社会に関する歴史・文化，特別支援教育，障害福祉について基礎から理解できるとともに，最新の研究，論点，研究方法，文献案内が体系的に整理されています。「障害」について学ぶ学生から実践者，研究者まで必携の書籍です。

『障害者心理学への誘い―支え合い，ともに生きるために―』
柏倉秀克（2012）みらい

　障害者心理学に関する概説書として，様々な障害領域を包括的に理解するための基礎的内容が整理されています。障害のある人やその家族が直面する心理的な問題に対する支援方法を，多方面から検討・紹介しています。

『平成28年度版　障害者白書』
内閣府（2015）勝美印刷

　障害者白書は，障害者のために講じた施策の概況を毎年まとめたもので，障害者にかかわる最新の状況の理解に欠かせない書籍です。最新版ばかりでなく，過去の白書を通読することにより日本の障害者施策の変遷が理解できます。

『The Social Psychology of Disability』
Dana Dunn（2015）Oxford University Press

　障害のある人を含めた多様な人々に関する社会心理学研究の成果など，新しい視点に立った社会心理学的アプローチとその研究成果をまとめた，心理学英書テキストです。

文　献

● はじめに

厚生労働省社会・援護局障害保健福祉部企画課（2018）．平成28年生活のしづらさなどに関する調査（全国在宅障害児・者等実態調査）結果
　　https://www.mhlw.go.jp/toukei/list/seikatsu_chousa_h28.html（2016/10/31 確認）

● 第1章

Berkeley, G.（1709）．*An essay towards a new theory of vision.*（下條信輔・植村恒一郎・一ノ瀬正樹（訳）（1990）．視覚新論　勁草書房）

Drotar, D., Baskiewicz, A., Irvin, N., Kennell, J., & Klaus, M.（1975）．The adaptation of parents to the birth of an infant with a congenital malformation: A hypothetical model. *Pediatrics*, **56**(5), 710-717.

Fielder, A. R., Best, A. B., & Bax, M. C. O.（Eds.）．（1993）．*The management of visual impairment in childhood.* London: Mac Keith Press.

柏倉秀克（2012）．障害者心理学への誘い―支え合い，ともに生きるために―　みらい

河内清彦（2008）．中途失明者の心理　長崎　勤・前川久男（編）　シリーズ障害科学の展開　第5巻　障害理解のための心理学（pp.194-201）　明石書店

栗田季佳（2015）．見えない偏見の科学　京都大学学術出版会

桑田左絵・神尾陽子（2004）．発達障害児をもつ親の障害受容過程についての文献的研究　九州大学心理学研究, **5**, 273-281.

Locke, J.（1690）．*An essay concerning human understanding.*（大槻春彦（訳）（1972, 1974, 1976, 1977）．人間知性論　岩波書店）

前川久男（2008）．心理学的測定・評価と支援とは　長崎　勤・前川久男（編）　シリーズ障害科学の展開　第5巻　障害理解のための心理学（pp.22-37）　明石書店

三沢義一（1985）．リハビリテーション医学講座　第9巻　障害と心理　医歯薬出版

内閣府（2012）．障害者に関する世論調査
　　http://survey.gov-online.go.jp/h24/h24-shougai/2-2.html（2016/10/31 確認）

中島隆信（2011）．障害者の経済学　東洋経済新報社

中村満紀男（2007）．専門家の役割と障害当事者　中村満紀男・四日市　章（編）　シリーズ障害科学の展開　第1巻　障害科学とは何か（pp.34-45）　明石書店

中田洋二郎（1995）．親の障害の認識と受容に関する考察―受容の段階説と慢性的悲哀―　早稲田心理学年報, **27**, 83-92.

Olshansky, S.（1962）. Chronic sorrow: A response to having a mentally defective child. *Social Casework*, **43**, 190-193.

Sadato, N., Pascual-Leone, A., Grafman, J., Ibanez, V., Deiber, M.-P., Dold, G., & Hallett, M.（1996）．Activation of the primary visual cortex by Braille reading in blind subjects. *Nature*, **380**, 526-528.

副島洋明（2000）．知的障害者奪われた人権―虐待・差別の事件と弁護―　明石書店

高橋正雄（2007）．現代の障害観　中村満紀男・四日市　章（編）　シリーズ障害科学の展開　第1巻　障害科学とは何か（pp.24-33）　明石書店

鑪　幹八郎（1963）．精神薄弱児の親の子供受容に関する分析研究　京都大学教育学部紀要, **9**, 145-172.

徳永　豊（2013）．家族支援と障害の理解・受け止め　田中新正・古賀精治（編）　障害児・障害者心理学特論（pp.234-250）　放送大学教育振興会

遠矢浩一（2009）．障害をもつこどもの「きょうだい」を支える　ナカニシヤ出版

鳥居修晃・望月登志子（1992）．視知覚の形成1　開眼手術後の定位と弁別　培風館

山中克夫（2008）．心理学と発達の諸理論　長崎　勤・前川久男（編）　シリーズ障害科学の展開　第5巻　障害理解のための心理学（pp.38-45）　明石書店

Yuker, H. E. (Ed.). (1988). *Attitudes toward persons with disabilities*. New York: Sprinter Publishing Company.
WHO (World Health Organization) (2001). *International classification of functioning, disability and health*. (障害者福祉研究会 (編) (2002). ICF 国際生活機能分類－国際障害分類改定版－中央法規)

● 第2章

五十嵐信敬 (1993). 視覚障害幼児の発達と指導　コレール社
厚生労働省社会・援護局障害保健福祉部 (2013). 平成23年生活のしづらさなどに関する調査 (全国在宅障害児・者等実態調査) 結果
　　http://www.mhlw.go.jp/toukei/list/seikatsu_chousa.html　(2016/10/31 確認)
小柳恭治・山梨正雄・千田耕基・志村　洋・山県　浩 (1983). 視覚障害児のパターン認識の発達とその指導 (1). 国立特殊教育総合研究所研究紀要, **10**, 115-126.
黒川鉄宇 (1988). 触知覚　佐藤泰正 (編)　視覚障害心理学 (pp.48-65)　学芸図書
望月登志子 (1976). 視覚と触覚による二次元図形の構造把握　日本女子大学紀要 家政学部, **23**, 19-29.
岡田　明 (1972). 弱視児の文字の認知の誤りの分析　特殊教育学研究, **9**(3), 23-35.
佐藤泰正 (1974). 視覚障害児の心理学　学芸図書
Supa, M., Cotzin, M., & Dallenbach, K. M. (1944). Facial vision: The perception of obstacles by the blind. *American Journal of Psychology*, **57**, 133-183.
徳田克己 (1988). 弱視児の漢字読み書き能力－その心理学的研究－　文化書房博文社
Warren, D. H. (1994). *Blindness and children: An individual differences approach*. New York: Cambridge University Press.

● 第3章

Calderson, R., & Greenberg, M. (2011). Social, emotional development of deaf children: Family, school, and program effects. In M. Marschark & P. E. Spencer (Eds.), *Deaf studies, language, and education* (pp.188-199). New York: Oxford University Press.
鄭　仁豪 (2007). 聴覚障害　中村満紀男・四日市　章 (編)　シリーズ障害科学の展開　第1巻　障害科学とは何か (pp.128-134)　明石書店
鄭　仁豪 (2008). 聴覚障害と心理　長崎　勤・前川久男 (編)　シリーズ障害科学の展開　第5巻　障害理解のための心理学 (pp.202-222)　明石書店
Greenburg, M. & Kusche, C. (1989). Cognitive, personal, and social development of deaf children and adolescents. In M. C. Wang, M. C. Reynolds & H. J. Walberg (Eds.), *Handbook of special education: Research and practice* (vol. 1, pp.95-129). Oxford: Pergamon Press.
GRI (2011). *Regional and National Summary Report of Data from the 2009-2010; Annual survey of deaf and hard of hearing children and youth*. Washington, DC: GRI, Gallaudet University.
　　https://www.gallaudet.edu/research-support-and-international-affairs/research-support/research-resources/demographics　(2016/10/24 確認)
Marschark, M. (1997). *Raising and educating a deaf child: A comprehensive guide to the choices, controversies, and decisions faced by parents and educators*. New York: Oxford University Press.
Marschark, M. & Hauser, P. C. (2012). *How deaf children learn* (pp.39-54). New York: Oxford University Press.
Marschark, M., Lang, H. G., & Albertini, J. A. (2002). *Educating deaf students: From research and practice*. New York: Oxford University Press.
Marschark, M. & Spencer, P. E. (2011). *Deaf studies, language, and education*. New York: Oxford University Press.
Meadow, K. P. (1980). *Deafness and child development*. Berkeley: University of California Press.
Meadow, K. P. & Dyssegaard, B. (1983a). Social-emotional adjustment of deaf students. Teachers' ratings of deaf children: An American-Danish comparison. *International Journal of Rehabilitation Research*, **6**(3), 345-348.

Meadow, K. P. & Dyssegaard, B.（1983b）. Teachers' ratings of deaf children: An American-Danish comparison. *American Annals of the Deaf*, **128**, 900-908.

Moores, D.（1987）. *Educating the deaf: Psychology, principles, and practice*（3rd ed.）. Boston: Houghton Mifflin.

Myklebust, H. E.（1964）. *The psychology of deafness*（2nd ed.）. New York: Grune & Stratton.

Paul, P. V. & Jackson, D. W.（1993）. *Toward a psychology of deafness*. Boston: Allyn and Bacon.

Pettito, L.（1988）. Language in the pre-lingustic children. In F. Kessel（Ed.）, *The development of language and language researchers*（pp.187-221）. Hillsdale, NJ: Laurence Erlbaum Associates.

Phelps-Gunn, T., Phelps-Terasaki, D., & Stetson, E. G.（1983）. *Remediation and instruction in language*. London: An Aspen Publication.

齋藤佐和（1999）．言語の発達　中野善達・吉野公喜（編）　聴覚障害児の心理（pp.81-97）　田研出版

Sisco, F. H. & Anderson, R. J.（1980）. Deaf children's performance on the WISC-R relative to hearing status of parents and child-rearing experiences. *American Annals of the Deaf*, **125**, 923-930.

山田　純（1983）．ことばを心理する　有斐閣

● 第4章

青木さつき・林　豊彦（2011）．機能変更できるVOCAの開発と言語発達障害児の新たな指導　コミュニケーション障害学，**31**(2), 61-71.

藤原加奈江（2011）．失語症　廣瀬　肇（監修）　言語聴覚士テキスト　第2版（pp.250-265）　医歯薬出版

今井智子（2011）．小児構音障害　廣瀬　肇（監修）　言語聴覚士テキスト　第2版（pp.356-364）　医歯薬出版

Mueller, H. A.（1972）. Facilitation feeding and Prespeech. In P. H. Pearson（Ed.）, *Physical therapy services in the developmental disabilities*（pp.283-305）. Springfield: CC Thomas.

Norburg, C. F., Tomblin, J. B., & Bishop, D. V. M.（2008）. *Understanding developmental language disorders*: *From theory to practice*. New York: Psychology Press.（田中裕美子（監訳）（2011）．ここまでわかった言語発達障害―理論から実践まで―　医歯薬出版）

岡崎恵子（2001）．構音障害　西村辨作（編）　ことばの障害入門（pp.188-207）　大修館書店

関　啓子（2011）．高次脳機能障害学　廣瀬　肇（監修）　言語聴覚士テキスト　第2版（pp.266-278）　医歯薬出版

Yairi, E. & Ambrose, N. G.（1999）. Early childhood stuttering I: Persistency and recovery rates. *Journal of Speech and Hearing Research*, **39**, 771-784.

矢守麻奈（2011）．摂食・嚥下障害　廣瀬　肇（監修）　言語聴覚士テキスト　第2版（pp.381-394）　医歯薬出版

吉野真理子（2009）．失語症のある人の生活参加を支援するアプローチ　コミュニケーション障害学，**26**(1), 27-31.

▶ 現場の声5

高次脳機能障害全国実態調査委員会（2011）．高次脳機能障害全国実態調査報告　高次脳機能研究，**31**, 19-31.

日本言語聴覚士協会（2016）．言語聴覚士の仕事　各対象領域で働く言語聴覚士　http://www.jaslht.or.jp（2016/10/31確認）

浦上裕子・山本正浩・中島八十一（2013）．高次脳機能障害のリハビリテーション―帰結調査からみた医療と福祉の連携―　リハビリテーション医学，**50**(7), 536-542.

渡部宏幸・古木ひとみ・原　寛美（2015）．新聞記者として職業復帰したウェルニッケ失語患者の経過報告　総合リハビリテーション，**43**(7), 667-670.

● 第5章

AAIDD（American Association on Intellectual and Developmental Disabilities）（2010）. *Intellectual disabilities: Definition, classification, and systems of supports*（11th ed.）. Washington DC:

American Association on Intellectual and Developmental Disabilities.（太田俊己・金子　健・原仁・湯汲英史・沼田千妤子（訳）（2012）．知的障害―定義，分類および支援体系―　日本発達障害福祉連盟）
Borkowski, J. G. & Varnhagen, C. K.（1984）. Transfer of learning strategise: Contrast of self-instructional and traditional training formats with EMR children. *American Journal of Mental Deficiency*, **88**, 369-379.
上岡勇二・松村多美恵（2000）．知的障害児における原初的記憶方略　特殊教育学研究，**38**(3), 33-38.
小島道生（2010）．知的障害児の自己概念とその影響要因に関する研究―自己叙述と選択式測定法による検討―　特殊教育学研究，**48**(1), 1-11.
松村多美恵（1989）．精神遅滞児・者における記憶　特殊教育学研究，**27**(2), 83-96.
文部科学省（2009）．特別支援学校学習指導要領解説総則等（幼稚部・小学部・中学部）　教育出版
大谷弘俊・小川　巌（1996）．精神遅滞児の自己概念に関する研究―自己能力評価・社会的受容感と生活年齢・精神年齢との関連性の検討―　特殊教育学研究，**34**(2), 11-19.
竹尾勇太・伊藤友彦（2014）．知的障害児における受動文の言語知識―直接受動文と間接受動文の比較―　特殊教育学研究，**52**(1), 39-45.
田中真理（2001）．知的障害者の物語伝達場面におけるメタコミュニケーション　教育心理学研究，**49**(4), 427-437.
渡辺　実（2010）．知的障害児における文字・書きことばの習得状況と精神年齢との関連　発達心理学研究，**21**(2), 169-181.

▶ **現場の声 8**
中田洋二郎（2002）．子どもの障害をどう受容するか　大月書店
中田洋二郎（2009）．発達障害と家族支援　学研
日本発達障害福祉連盟（2010）．障害児の親のメンタルヘルス支援マニュアル―子ども支援は親支援から―　日本発達障害福祉連盟

● **第 6 章**
APA（American Psychiatric Association）（2013）. *Diagnostic and statistical manual of mental disorders DSM-5*. Washington DC: American Psychiatric Publishing.（髙橋三郎・大野　裕（監訳）（2014）．DSM-5 精神疾患の診断・統計マニュアル　医学書院）
Baron-Cohen, S., Leslie, A. M., & Frith, U.（1985）. Does the autistic child have a "theory of mind"? *Cognition*, **21**, 37-46.
Frith, U.（2003）. *Autism: Explaining the enigma* (2nd ed., pp.151-168). Blackwell（冨田真紀・清水康夫・鈴木玲子（訳）（2009）．新訂　自閉症の謎を解き明かす（pp.273-301）　東京書籍）
古荘純一・岡田　俊（2007）．アスペルガー障害とは　古荘純一（編）　アスペルガー障害とライフステージ―発達障害臨床からみた理解と支援―（pp.1-37）　診断と治療社
Meindl, J. N., & Cannella-Malone, H. I.（2011）. Initiating and responding to joint attention bids in children with autism: A review of the literature. *Research in Developmental Disabilities*, **32**, 1441-1454.
文部科学省（2012）．通常の学級に在籍する発達障害の可能性のある特別な教育的支援を必要とする児童生徒に関する調査結果について
http://www.mext.go.jp/a_menu/shotou/tokubetu/material/__icsFiles/afieldfile/2012/12/10/1328729_01.pdf（2016/10/31 確認）
Mundy, P., Sigman, M., & Kasari, C.（1994）. Joint attention, developmental level, and symptom presentation in autism. *Development and Psychopathology*, **6**, 389-401.
内藤美加（2016）．自閉症児の「心の理論」―マインド・ブラインドネス仮説とその後の展開―　子安増生（編）「心の理論」から学ぶ発達の基礎―教育・保育・自閉症理解への道―（pp.163-185）　ミネルヴァ書房
日本自閉症スペクトラム学会（編）（2005）．自閉症スペクトラム児・者の理解と支援―医療・

教育・福祉・心理・アセスメントの基礎知識― 教育出版

大神英裕（2005）．人の乳幼児期における共同注意の発達と障害　遠藤利彦（編）　読む目・読まれる目―視線理解の進化と発達の心理学―（pp.157-178）　東京大学出版会

大井亜由美・大六一志（2013）．高機能広汎性発達障害児の階層的情報処理に対する拡大刺激，縮小刺激の効果　特殊教育学研究, **51**(1), 1-10.

杉山登志郎（1994）．自閉症に見られる特異な記憶想起現象―自閉症の time slip 現象―　精神神経学雑誌, **96**(4), 281-297.

● 第 7 章

APA（American Psychiatric Association）（2013）. *Diagnostic and statistical manual of mental disorders DSM-5*. Washington DC: American Psychiatric Publishing.（高橋三郎・大野裕（監訳）（2014）．DSM-5 精神疾患の診断・統計マニュアル　医学書院）

Desher, D. D.（2014）．学習障害のある子どもに明るい未来を創造する RTI の実践（齊藤由美子（訳・編））　LD 研究, **23**(1), 29-39.

Ellis, A. W. & Young, A. W.（1988）. *Human cognitive neuropsychology*. East Sussex, U.K.: Lawrence Erlbaum Associates.

学習障害及びこれに類似する学習上の困難を有する児童生徒の指導方法に関する調査協力者会議（1999）．学習障害児に対する指導について（報告）
http://www.mext.go.jp/a_menu/shotou/tokubetu/03110701/005.pdf（2016/10/31 確認）

熊谷恵子（1998）．筆順の不正確な注意欠陥多動性障害児に対する漢字の書字指導　LD 研究, **7**(1), 69-79.

文部科学省（2004）．小・中学校における LD（学習障害），ADHD（注意欠陥／多動性障害），高機能自閉症の児童生徒への教育支援体制の整備のためのガイドライン（試案）の公表について
http://www.mext.go.jp/a_menu/shotou/tokubetu/material/1298152.htm（2016/10/31 確認）

文部科学省（2012）．通常の学級に在籍する発達障害の可能性のある特別な教育的支援を必要とする児童生徒に関する調査結果について
http://www.mext.go.jp/a_menu/shotou/tokubetu/material/__icsFiles/afieldfile/2012/12/10/1328729_01.pdf（2016/10/31 確認）

中根允文・岡崎祐司（1994）．ICD-10「精神・行動の障害」マニュアル―用語集・対照表付―　医学書院

大石敬子（1989）．小児の読み書き障害と算数障害の発達神経心理学的研究―学習障害症例をとおして―（pp.189-190）　筑波大学博士学位論文

WHO（World Health Organization）（1992）. *The ICD-10 classification of mental and behavioural disorders: Clinical descriptions and diagnostic guidelines*. Geneva.

▶ 現場の声 11

文部科学省（2016）．平成 27 年度特別支援教育体制整備状況調査結果について
http://www.mext.go.jp/a_menu/shotou/tokubetu/material/1370505.htm（2016/10/31 確認）

▶ 現場の声 12

文部科学省（2015）．チームとしての学校の在り方と今後の改善方策について（答申）（中教審第 185 号）
http://www.mext.go.jp/b_menu/shingi/chukyo/chukyo0/toushin/__icsFiles/afieldfile/2016/02/05/1365657_00.pdf（2016/10/31 確認）

● 第 8 章

APA（American Psychiatric Association）（2013）. *Diagnostic and statistical manual of mental disorders DSM-5*. Washington DC: American Psychiatric Publishing.（高橋三郎・大野　裕（監訳）（2014）．DSM-5 精神疾患の診断・統計マニュアル　医学書院）

宮島　祐・石田　悠（2010）．ADHD の薬物療法　*Pharma Medica*, **28**(11), 29-32.

文部科学省（2003）．今後の特別支援教育の在り方について（最終報告）
http://www.mext.go.jp/b_menu/shingi/chousa/shotou/054/shiryo/attach/1361204.htm（2016/10/31確認）

齊藤万比古・渡部京太（編）（2008）．注意欠如・多動性障害—ADHD—の診断・治療ガイドライン　第3版　じほう

田中康雄（監修）（2009）．大人のAD/HD　講談社

WHO（World Health Organization）（1992）．*The ICD-10 classification of mental and behavioural disorders: Clinical descriptions and diagnostic guidelines.* Geneva.（融　道男・中根允文・小見山　実（監訳）（1993）．ICD-10 精神および行動の障害—臨床記述と診断ガイドライン—医学書院）

● 第9章

Bergman, R. L., Keller, M. L., Piacentini, J., & Bergman, A. J.（2008）. The development and psychometric properties of the selective mutism questionnaire. *Journal of Clinical Child & Adolescent Psychology*, **37**(2), 456-464.

Dow, S., Sonies, B., Scheib, D., Moss, S., & Leonard, H.（1995）. Practical guidelines for the assessment and treatment of selective mutism. *Journal of the American Academy of Child and Adolescent Psychiatry*, **34**(7), 836-846.

かんもくネット（著）角田圭子（編）（2008）．場面緘黙Q&A—幼稚園や学校でおしゃべりできない子どもたち—　学苑社

文部科学省（2013a）．教育支援資料—障害のある子供の就学手続と早期からの一貫した支援の充実—
http://inclusive.nise.go.jp/?action=common_download_main&upload_id=177（2016/10/31確認）

文部科学省（2013b）．障害のある児童生徒に対する早期からの一貫した支援について（通知）
http://www.pref.oita.jp/uploaded/life/280918_332024_misc.pdf（2016/10/31確認）

文部科学省（2014）．不登校に関する実態調査—平成18年度不登校生徒に関する追跡調査報告書—
http://www.mext.go.jp/a_menu/shotou/seitoshidou/1349949.htm（2016/10/31確認）

文部科学省（2016）．平成26年度児童生徒の問題行動等生徒指導上の諸問題に関する調査について
http://www.mext.go.jp/b_menu/houdou/28/03/__icsFiles/afieldfile/2016/03/01/1367737_01_1.pdf（2016/10/31確認）

小野善郎（2014）．選択性緘黙　神庭重信・三村　將（編）DSM-5を読み解く—伝統的精神病理，DSM-IV，ICD-10をふまえた新時代の精神科診断—　4　不安症群，強迫症および関連症群，心的外傷およびストレス因関連障害群，解離症群，身体症状症および関連症群（pp.26-32）　中山書店

● 第10章

川間健之介（2006）．肢体不自由とは　筑波大学附属特別支援教育センター・前川久男（編）特別支援教育における障害の理解（pp.94-97）教育出版

川間健之介（2006）．肢体不自由と発達　筑波大学附属特別支援教育センター・前川久男（編）特別支援教育における障害の理解（pp.97-104）教育出版

川間健之介（2014）．肢体不自由の心理—障害特性を中心に—　川間健之介・西川公司（編）肢体不自由児の教育（pp.80-90）放送大学教育振興会

文部科学省（2013）．教育支援資料
http://www.mext.go.jp/a_menu/shotou/tokubetu/material/1340250.htm（2016/10/19確認）

日本リハビリテーション医学会（2014）．脳性麻痺リハビリテーションガイドライン　第2版　金原出版

● 第11章

泉　真由子（2011）．病気の子どもに対する心理的サポート—小児がん患児に行うインフォー

ムドコンセントの心理的影響を通して考える— 特殊教育学研究，**49**(1), 95-103．
金城辰夫（2008）．基本的情動 鹿取廣人・杉本敏夫・鳥居修晃（編） 心理学（pp.215-221） 東京大学出版会
駒松仁子（2009）．子ども理解を深める 谷川弘治・駒松仁子・松浦和代・夏路瑞穂（編） 病気の子どもの心理社会的支援入門—医療保育・病弱教育・医療ソーシャルワーク・心理臨床を学ぶ人に— 第2版（pp.9-54） ナカニシヤ出版
増子孝徳（2014）．医療における子どもの人権 五十嵐 隆・及川郁子・林 富・藤village正哲（監修）田中恭子（編） 子ども療養支援—医療を受ける子どもの権利を守る—（pp.14-21） 中山書店
文部省（1994）．病気療養児の教育について（文部省初等中等教育局長通知） http://www.mext.go.jp/b_menu/hakusho/nc/t19941221001/t19941221001.html （2016/10/31 確認）
森安真優（2014）．プリパレーション・ディストラクションの目的と方法 五十嵐隆・及川郁子・林富・藤村正哲（監修）田中恭子（編） 子ども療養支援—医療を受ける子どもの権利を守る—（pp.127-136） 中山書店
村上由則（2006）．小・中・高等学校における慢性疾患児への教育的支援—特別支援教育の中の病弱教育— 特殊教育学研究，**44**(2), 145-151．
小畑文也（1999）．子ども・病気・身体2 小児看護，**22**(8), 1009-1015．
及川郁子（2007）．プレパレーションとは 及川郁子・田代弘子（編） 病気の子どもへのプレパレーション（pp.2-9） 中央法規
鈴木敦子（2014）．子どもと遊び，医療のなかの遊び 五十嵐 隆・及川郁子・林 富・藤村正哲（監修）田中恭子（編） 子ども療養支援—医療を受ける子どもの権利を守る—（pp.92-97） 中山書店
谷川弘治（2009）．心理社会的支援サービスとその領域 谷川弘治・駒松仁子・松浦和代・夏路瑞穂（編） 病気の子どもの心理社会的支援入門—医療保育・病弱教育・医療ソーシャルワーク・心理臨床を学ぶ人に— 第2版（pp.80-94） ナカニシヤ出版
谷口明子（2013）．病気の子どもの不安と教育的配慮 全国病弱教育研究会（編著） 病気の子どもの教育入門（pp.20-28） クリエイツかもがわ

▶ **現場の声 19**
文部省（1994）．病気療養児の教育について（文部省初等中等教育局長通知） http://www.mext.go.jp/b_menu/hakusho/nc/t19941221001/t19941221001.html （2016/10/31 確認）
丹羽 登（監修）（2008）．病気の子どもの理解のために 全国特別支援学校病弱教育校長会
副島賢和（2015）．あかはなそえじ先生のひとりじゃないよ 学研
副島賢和（2016）．心が元気になる学校 プレジデント社

● **第 12 章**
Griffiths, C. & Smith, M.（2016）. Attuning: A communication process between people with severe and profound intellectual disability and their interaction partners. *Journal of Applied Research in Intellectual Disabilities*, **29**(2), 124-138.
片桐和雄・小池敏英・北島善夫（1999）．重症心身障害児の認知発達とその援助—生理心理学的アプローチの展開— 北大路書房
国立特別支援教育総合研究所（2015）．特別支援教育の基礎・基本 新訂版 ジ・アース教育新社
Lancioni, G. E., Bellini, D., Oliva, D., Singh, N. N., O'Reilly, M. F., Lang, R., & Didden, R.（2011）. Camera-based microswitch technology to monitor mouth, eyebrow, and eyelid responses of children with profound multiple disabilities. *Journal of Behavioral Education*, **20**(1), 4-14.
正木芳子・江田裕介（2015）．訪問学級における重度・重複障害児に対する個別指導—透過式視線ボードを用いたコミュニケーションの指導を中心に— 和歌山大学教育学部教育実践総合センター紀要，**25**, 107-112．
文部科学省（2016）．平成 27 年度特別支援学校等の医療的ケアに関する調査結果について http://www.mext.go.jp/a_menu/shotou/tokubetu/material/__icsFiles/afieldfile/2016/05/02/1370505_04.

pdf（2016/10/31 確認）
岡田奈緒・是永かな子（2010）．肢体不自由特別支援学校における重度・重複障害児に対する
　　コミュニケーション指導の研究　高知大学教育学部研究報告，**70**, 71-88.
特殊教育の改善に関する調査研究会（1975）．重度・重複障害児に対する学校教育の在り方に
　　ついて（報告）
　　　http://www.mext.go.jp/b_menu/shingi/chukyo/chukyo3/003/gijiroku/05062201/001.pdf（2016/10/31
　　確認）

索　引

●あ
RTI（Response to Intervention）　86
ICF（国際生活機能分類）　4
アテトーゼ型　124
アメリカ精神医学会（APA）　99

●い
医学モデル　4
意思表示　150
医療的ケア　148
医療保育士　138
医療保育専門士　144
医療・保健分野における仕事　16

●う
VOCA　153

●え
AAC（拡大代替コミュニケーション）　49
SST（ソーシャルスキルトレーニング）　107
NPO　18

●お
親の会　18
親の障害理解　9
音韻的リハーサル　40
音韻分解　95

●か
学習障害　84
可塑性　3
学校　14
学校心理士　30, 97
活動制限　5
家庭裁判所　17
家庭裁判所調査官　17
環境因子　5
環境調整　103
鑑別技官　17
かん黙症　120

●き
記憶のタイムスリップ現象　76
記憶方略　62
寄宿舎指導員　29
吃音　50, 57
機能・形態障害　4
機能障害　5
9歳レベルの壁（峠）　39
キューブラ＝ロス（Kübler-Ross, E.）　133
教育分野における仕事　14
境界線を引かない社会　11
きょうだい　10

共同注意の障害　72

●け
継次処理能力　89
痙直型　124
健康障害　135
健康状態　5
言語障害通級指導教室　54
言語障害通級指導教室教諭　57
言語聴覚士　41, 54, 55, 129
言語発達　25, 57
言語発達障害　49, 55

●こ
構音　57
構音障害　50, 56
厚生労働省　iii
後天性難聴　36
行動修正　103
校内委員会　95
国際障害分類　4
心の理論障害仮説　72
個人因子　5
骨関節疾患　128
ことばの教室　56, 57
子ども療養支援士　138
個別の教育支援計画　103
個別の指導計画　79, 130
コミュニケーション　42, 148
コンサルテーション　95

●さ
作業療法士　129, 132
参加制約　5
産業分野における仕事　18

●し
支援テクノロジー　153
視覚－音声系　89
視覚障害　23
視覚的リハーサル　40
視機能　23
自己開示　33
自己教示訓練　62
肢体不自由　123
視知覚　25
失語・高次脳機能障害　48
失語症　55
実態把握　2
児童心理司　109
児童相談所　15, 109, 117
児童発達支援センター　15
自閉症・情緒障害特別支援学級　80
自閉スペクトラム症　71
司法分野における仕事　17
社会的不利　4

168

社会福祉協議会　16
社会モデル　4
弱視　24
弱視特別支援学級　29
重症心身障害児　147
習得検査　92
重度・重複障害　147
手話　36
手話通者　41
手話嗜語　37
巡回相談員　93, 95
障害　5
障害科学　iv
障害児入所施設　16
障害者　1
障害者基本法　6
障害者権利宣言　4
障害者雇用促進法　6
障害者差別解消法　6
障害者心理学　1
障害者総合支援法　6
障害者の権利に関する条約　iii
障害受容　132
障害（の）理解　7, 11
障害福祉サービス事業所　16
障害物知覚　28
障害理解　11
情緒障害　111
情緒障害児短期治療施設（児童心理療育施設）　16, 117
小児科　120
少年院　17
少年鑑別所　17
職業復帰　55
職業リハビリテーション　18
触知覚　26
触覚2点弁別閾　26
視力障害者センター　29
視力障害者福祉センター　29
身体障害者　iii
心的外傷後ストレス障害（PTSD）　140
心的外傷-再統合　9
心理検査　65

●す
スクールカウンセラー　116, 118
ストレス-対処　9

●せ
精研式ペアレント・トレーニング　109
精神疾患の診断・統計マニュアル第5版　71
精神障害者　iii
世界保健機関（WHO）　4, 99
脊髄損傷　128
摂食・嚥下障害　48, 56
全体的統合の障害　75
選択性かん黙　112
先天性難聴　36
専門家チーム　93, 96

●そ
喪失-抑うつ　9

●た
ダウン症候群　60
ダウン症児　62
多様性の受容　12
段階説　9
短期記憶　62

●ち
知的障害　59
知的障害者　iii
知的能力とアチーブメントの差異法　85
知能検査　91
知能指数（IQ）　59
チャイルドライフスペシャリスト　138
注意欠如・多動症（注意欠如・多動性障害：ADHD）　99
聴覚-運動系　89
聴覚器官　35
聴覚系　35
聴覚障害　35, 42

●つ
通級による指導　14

●て
TT（ティームティーチング）　107
点字図書館　29

●と
同時処理能力　89
トークンエコノミー法　104
特別支援学級　14, 64
特別支援学校　14
特別支援学校（視覚障害）　23
特別支援学校（肢体不自由）　130
特別支援学校（知的障害）　64
特別支援学校（聴覚障害）　41
特別支援学校（病弱）　136
特別支援教育コーディネーター　14, 66, 93, 103, 107
特別支援教育支援員　93
ドローター（Drotar, D.）　9

●な
内閣府　11
内的シンボル　40
難聴　35
難聴学級　41

●の
脳血管障害　128
脳性麻痺　124
能力観の転換　11
能力障害　4

●は
バーバリズム　25

パターナリズム　13
パターン認識　27
発声・発語障害　50
発達検査　66
発達障害者支援センター　106

●ひ
非言語的な反応　152
病院　16
描画療法　120
病弱教育　135
病弱者　135
病弱・身体虚弱特別支援学級　141
病棟保育士　138

●ふ
福祉課　16
福祉心理士　41
福祉分野における仕事　15
不登校　114, 120
プレパレーション　140

●へ
ペアレント・トレーニング　102
併存障害　103
偏見・差別　11

●ほ
保育所　14
放課後等デイサービス　15
法務教官　17
保健師　64
保健所　17
保健センター　17
ホスピタルプレイスペシャリスト　138

●ま
マーシャーク（Marschark, M.）　37
マイクルバスト（Myklebust, H. E.）　37
慢性的悲嘆　10

●む
ムーアズ（Moores, D.）　38

●め
メタコミュニケーション　63

●も
盲　24
盲学校　23, 29
盲学校教諭　30
盲児施設　29
目標設定　2
文部科学省　100

●や
薬物療法　103, 104

●ゆ
遊戯療法　120

●よ
幼稚園　14

●り
理学療法士　129
リハビリテーション　55
療育センター　68
臨床心理士　41, 64, 120

●ろ
聾　35
聾学校　42
ロービジョン　24

■ シリーズ監修者

太田信夫　（筑波大学名誉教授・東京福祉大学教授）

■ 執筆者一覧（執筆順）

柿澤敏文	（編者）	はじめに，第1章，付録
小林秀之	（筑波大学）	第2章
鄭　仁豪	（筑波大学）	第3章
宮本昌子	（筑波大学）	第4章
小島道生	（筑波大学）	第5章
野呂文行	（筑波大学）	第6章
熊谷恵子	（筑波大学）	第7章
岡崎慎治	（筑波大学）	第8章
下山真衣	（信州大学）	第9章
川間健之介	（筑波大学）	第10章
深澤美華恵	（福岡教育大学）	第11章
五味洋一	（群馬大学）	第12章

■ 現場の声　執筆者一覧（所属等は執筆当時のもの）

現場の声1	藤島瑠利子	（NPO法人発達わんぱく会）
現場の声2	相羽大輔	（愛知教育大学）
現場の声3	雁丸新一	（筑波大学附属聴覚特別支援学校）
現場の声4	望月香代	（身延山大学）
現場の声5	大原裕子	（筑波記念病院リハビリテーション部）
現場の声6	舘田美弥子	（世田谷区立九品仏小学校ことばの教室）
現場の声7	若井広太郎	（筑波大学附属大塚特別支援学校）
現場の声8	時任奈穂子	（川崎市中央療育センター）
現場の声9	飯島杏那	（筑波大学附属久里浜特別支援学校）
現場の声10	青葉暁子	（つくば市立手代木南小学校）
現場の声11	小林　玄	（立教女学院短期大学）
現場の声12	三井菜摘	（筑波大学心理発達教育相談室）
現場の声13	松沢晴美	（鹿嶋市立豊津小学校）
現場の声14	岡野典子	（茨城県筑西児童相談所）
現場の声15	下山真衣	（信州大学）
現場の声16	小林麻衣子	（大野はぐくみクリニック）
現場の声17	田丸秋穂	（筑波大学附属桐が丘特別支援学校）
現場の声18	高浜功丞	（千葉県千葉リハビリテーションセンター）
現場の声19	副島賢和	（昭和大学大学院保健医療学研究科）
現場の声20	中村崇江	（自治医科大学とちぎ子ども医療センター）
現場の声21	里吉めぐみ	（社会福祉法人みなと舎）
現場の声22	寺本淳志	（宮城教育大学）

【監修者紹介】

太田信夫（おおた・のぶお）

1971 年　名古屋大学大学院教育学研究科博士課程単位取得満了
現　在　筑波大学名誉教授，東京福祉大学教授，教育学博士（名古屋大学）

【主著・論文】
　記憶の心理学と現代社会（編著）　有斐閣　2006 年
　記憶の心理学（編著）　NHK出版　2008 年
　記憶の生涯発達心理学（編著）　北大路書房　2008 年
　認知心理学：知のメカニズムの探究（共著）　培風館　2011 年
　現代の認知心理学【全 7 巻】（編者代表）　北大路書房　2011 年
　Memory and Aging（共編著）Psychology Press 2012 年
　Dementia and Memory（共編著）Psychology Press 2014 年

【編者紹介】

柿澤敏文（かきざわ・としぶみ）

1990 年　筑波大学大学院心身障害学研究科博士課程修了
現　在　筑波大学人間系教授，教育学博士（筑波大学）

【主著・論文】
　Student with Visual Impairment in Special and Mainstresm Schools in Japan: A Survey. *Journal of Visual Impairment & Blindness*, **94**(4), 218-228. 2000 年
　ロービジョン者・高齢者の眼球運動　光学　第 37 巻第 9 号　pp.526-534. 2008 年
　Assessment of play behaviours and social interactions of two blind girls: Case studies in Japan.（共著）*Anthropological Notebooks*, **20**(2), 61-76. 2014 年
　全国視覚特別支援学校及び小・中学校弱視学級児童生徒の視覚障害原因等に関する調査研究―2015 年度調査―報告書　筑波大学人間系障害科学域　2016 年

シリーズ心理学と仕事 15　障害者心理学

2017 年 7 月 20 日　初版第 1 刷発行	定価はカバーに表示
2023 年 5 月 20 日　初版第 6 刷発行	してあります。

監　修　者　　太田信夫
編　　　者　　柿澤敏文
発　行　所　　（株）北大路書房
〒 603-8303　京都市北区紫野十二坊町 12-8
電 話（075）431-0361（代）
FAX（075）431-9393
振 替　01050-4-2083

©2017　　　　　　　　　　　　　　イラスト／田中へこ
印刷・製本／亜細亜印刷（株）
検印省略　落丁・乱丁本はお取り替えいたします。
ISBN978-4-7628-2984-0　Printed in Japan

・ JCOPY〈(社)出版者著作権管理機構 委託出版物〉
本書の無断複写は著作権法上での例外を除き禁じられています。
複写される場合は，そのつど事前に，(社)出版者著作権管理機構
（電話 03-5244-5088, FAX 03-5244-5089, e-mail: info@jcopy.or.jp）
の許諾を得てください。